人物叢書

新装版

藤原忠実《ふじわらのただざね》

元木泰雄

日本歴史学会編集

吉川弘文館

藤原忠実画像

(『模本春日権現験記絵巻』より，東京国立博物館蔵)

永久2年(1114)，鹿島社造営の報を聞いて喜ぶ忠実の姿．37歳の忠実を描いたことになるが，同年の鹿島社造営は史実としては確認できない．

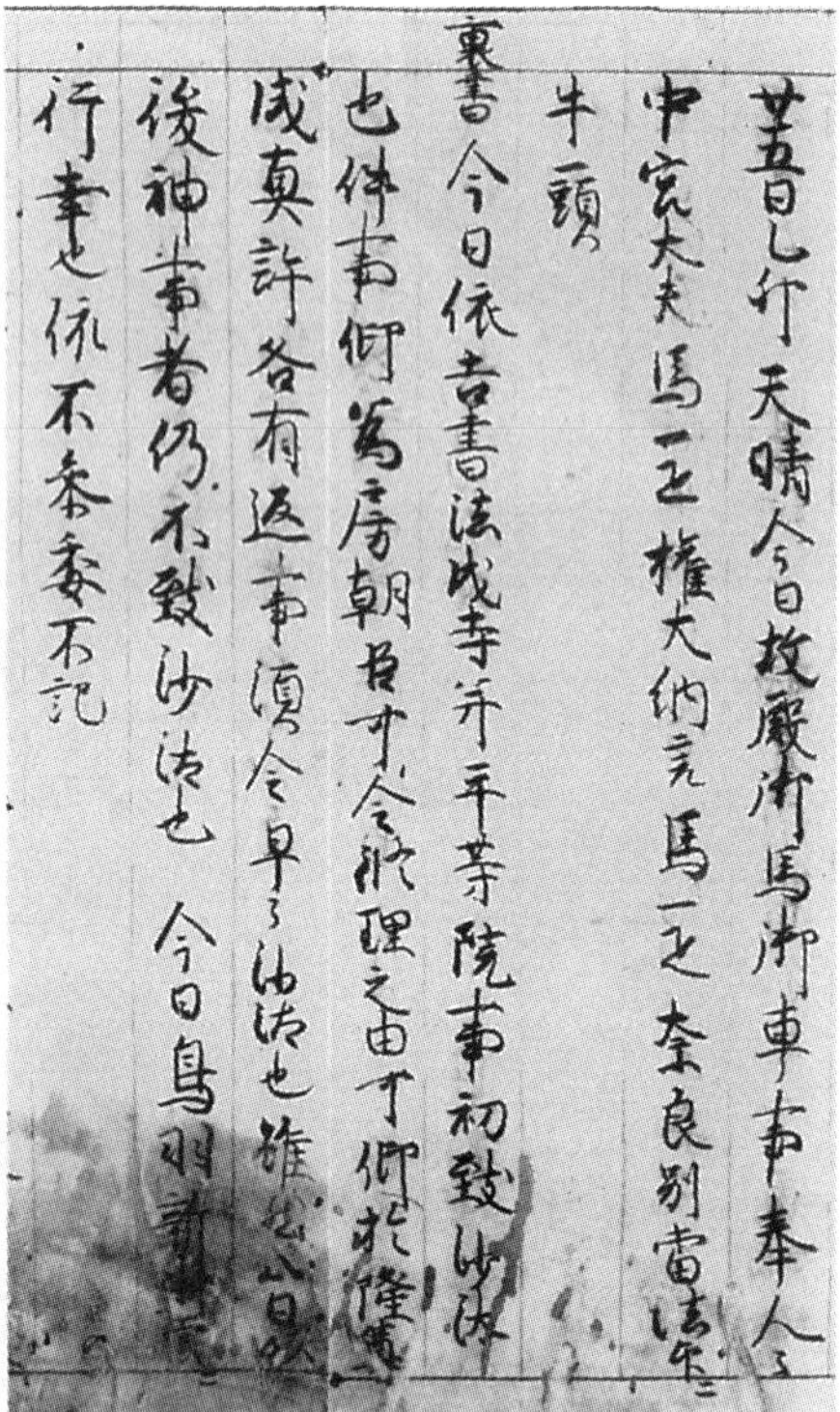

（釈文）二十五日、乙夘、天晴、今日故殿御馬御車事奉人々、
中宮大夫馬一疋、権大納言馬一疋、奈良別当法印ニ
牛一頭、
裏書、今日依吉（日カ）書、法成寺并平等院事初致沙汰
也、件事仰為房朝臣、可令修理之由可仰於隆尊・
成真許、各有返事、須令早々沙汰也、雖然八日以
後神事者、仍不致沙汰也、今日鳥羽新御堂ニ
行幸也、依不参委不記、

『殿暦』康和３年４月25日条（最古写本，陽明文庫蔵）

『殿暦』は忠実の日記．この最古の写本は文永４年（1267）に近衛基平が家臣とともに書き写したもの．写真にある裏書の部分は，氏長者となって間もない忠実が，法成寺・平等院の大改修を命じた記事．本文32頁以下参照．

はじめに

これから語ろうとするのは、おそらくそれまでの歴代の摂政・関白の中で、未曾有《みぞう》の波瀾を体験した人物の生涯である。彼の名は藤原忠実《ふじわらのただざね》。その略歴を記すと次のようになる。

承暦《じょうりゃく》二（一〇七八）年十一月、京で生誕し、応保《おうほう》二（一一六二）年六月十八日に京の知足院《ちそくいん》で八十五年の生涯を閉じた。関白藤原師通《もろみち》の嫡男で、母は摂関家の傍流である藤原頼宗《よりむね》流の右大臣藤原俊家《としいえ》の女全子。宇治《うじ》の平等院の建立で名高い、摂関政治全盛期の摂関頼通《よりみち》の曾孫に当たる。

幼いころから祖父師実《もろざね》の養子として成長し、父の早世後に堀河・鳥羽天皇の摂関を勤めた。しかし、政務の実権を握った白河院に従属を余儀なくされ、しかものちに関白を解任されていったん失脚する。その後、鳥羽院の下で政界に復帰し、大殿として隠然たる勢力を誇ったが、次男頼長《よりなが》を強引に摂関に補任しようとして長男忠通《ただみち》との対立を生じ、保元《ほうげん》の乱の原因を作った。乱後は幽閉されたまま、長い人生を終えることになる。

忠実について、従来は負の側面が強調されてきた。たとえば、大半の研究では「忠実の頼長に対する偏愛」が保元の乱の要因となったとしているし、白河院との抗争に敗れて摂関家の政治的地位を下落させたことを始めとして、立ち回りの下手な武骨な人物といった評価が見られる。

たしかに忠実の行動には摂関家に大きな災いをもたらした面もあるが、反面、荘園や武力の集積に奔走し、衰退しつつあった摂関家の再興に尽力したのも事実である。分散していた摂関家領荘園を集中し、家産機構を充実させるとともに、河内源氏の源為義《ためよし》をはじめとする武士や、興福寺《こうふくじ》の悪僧の掌握に成功した人物という側面も注目されている。また、従来頼通とのつながりが注目されてきた宇治平等院も、忠実の大改修によって今日の姿になったことが明らかにされたのである。

これらは言わば楯の両面であった。父師通・祖父師実の相次ぐ死去で、政治経験に乏しいままに摂関家の当主となった忠実が、政治的主導権を確立しつつあった老練な白河院に翻弄されたのは事実である。しかし、そうした逆風に遭遇したがゆえに摂関家再興に挑戦し、一応の成功を収めたことも、また事実であった。こうした摂関家再興の努力と、鳥羽院政下において院近臣勢力や忠通と対立し、保元の乱における摂関家の敗退に至る経緯とは、密接な関連を有したと考えられる。

忠実については、自身の日記『殿暦《でんりゃく》』、語録『中外抄《ちゅうがいしょう》』『富家語《ふけご》』が残されているのを始め、藤原宗忠《むねただ》の『中右記《ちゅうゆうき》』、次男頼長の『台記《たいき》』以下の多くの古記録、『今鏡《いまかがみ》』などの歴史物語、『古事談《こじだん》』以下の説話などに豊富な史料が存している。本書では、それらを駆使しながら時代を逐って生涯を復元してゆく（なお日記類の漢文はすべて読み下しにあらためた）。彼の生涯は、保安《ほうあん》元年（一一二〇）に白河院によって事実上関白を罷免され、数年間の籠居に追い込まれた期間を挟んで、大きく二分される。それぞれの時期について、以下のような点に主眼をおきながら述べることにしたい。

まず、その前半生は白河院政との対峙の時代であった。白河院政期の政情については、従来は主としてその周辺の複雑で数奇な人間関係が論じられてはいるものの、政治史の問題として十分分析されているとは言いがたい面がある。また、白河院と忠実の関係については、単に院政の拡張、摂関家の抑圧という視角のみが強調されてきたように思われる。

そこで、本書の前半では、摂関政治から院政への転換という政治構造の変化と連動させながら、白河と忠実の関係を解明したい。

一方、後半生は保元の乱に至る過程であった。この時期については、同じ人物叢書の一巻として、藤原頼長の性格・個性を検討された橋本義彦氏のすぐれた著書がある。忠実と頼長は政治的に提携しており、史料も『台記』を用いるだけに重複を避けられない面もあるが、本書ではその後の院政期政治史の研究の蓄積をもとに、摂関家の再興、権門化と関連させながら、忠実の事績とその政治的影響を考えることにしたい。

以上のほか、忠実が失脚以後の本拠とした宇治について、着々と進捗している発掘の成果に学びながら、忠実が宇治で果たした役割、宇治の都市としての性格などについても論及する。また、日記『殿暦』や語録『中外抄』『富家語』に見られる思想についても付言することにしたい。

忠実は生涯を通して、白河・鳥羽の院政と、それに連なる院近臣勢力と対峙するとともに、荘園を集積して摂関家の権門化を推進し、さらに院政期の一応の政治的安定を崩壊させる保元の乱の原因を作った。まさに、忠実の生涯の再評価は、院政期という時代の再検討でもあると言えよう。

本書が忠実や摂関家、さらに院政期の研究の進展にわずかなりとも寄与することができれば幸甚である。なお、女性名の読み方については諸説があるため、院号・女房名などを除いて、あえて振り仮名を省略したことをお断りしておく。

最後に、本書をなすにあたって様々な方々からご協力を賜った。深く感謝申し上げる次第である。

一九九九年九月

元木泰雄

目次

口絵

挿図

系　図

第一　忠実の生誕

一　父と母

忠実の誕生

忠実は、承暦《じょうりゃく》二（一〇七八）年の十一月、橘俊綱《たちばなとしつな》邸において、正三位《しょうさんみ》権中納言《ごんのちゅうなごん》兼《けん》左近衛大将《さこのえのたいしょう》藤原師通《もろみち》と、右大臣藤原俊家《としいえ》の娘である藤原全子との間に誕生した（『為房卿記』嘉保二年八月十一日条）。師通にとっては最初の男子であった。

橘俊綱

俊綱は頼通の実子だが、側室藤原祇子の所生であったために、正室隆姫の嫉妬を受けて橘俊遠の養子となったとされる人物で、官位には恵まれなかったが、受領《ずりょう》を歴任して巨富を築いたことで知られる。その豪邸は、白河天皇の中宮《ちゅうぐう》賢子をはじめとして、貴人の出産に利用されていた。

父師通

父師通は当時十七歳で、時の関白師実《もろざね》の嫡男、宇治平等院の造営で知られる摂政・関白藤原頼通《よりみち》の孫に当たり、将来の摂関を約束された貴公子であった。その長男で、母も大臣家の出身である忠実は、嫡男として後継者となることはほぼ確実で、生まれながらにして将来の摂関家を背負うべき運命を担っていたことになる。なお、第四で後述するように摂関家という概念には厳密な規定が必要であるが、本書では便宜的に代々摂関を継承した道長の子孫を摂関家と称することにする。

母全子の家系

当時の摂関家の政治的立場については本章の三以下で後述することにして、ここでは母全子の家系についてふれておこう。全子の父、忠実にとっては外祖父に当たる藤原俊《とし》家《いえ》は、摂関政治の頂点を究めた藤原道長《みちなが》の孫であった。その父頼宗《よりむね》は、道長と左大臣《さだいじん》源高明《たかあき》の娘明子の間に生まれている。道長の子供たちのうち、明子を母とする者は、正室源倫子のそれに比べて官位・配偶者などで冷遇されていたが、頼宗も例外ではなかった。倫子所生の長兄頼通が摂関の座を長く占めたほか、頼宗より年少の教通でさえ関白に就任しているのに、頼宗は晩年になってようやく右大臣《うだいじん》に昇進したに過ぎない。言い換えれば、この系統は、摂関家の傍流だったのである。

外祖父俊家

俊家の母は、かつて道長の政敵として激しく対立し、のちに屈伏した藤原伊周《これちか》の娘である。俊家も摂関の座とは縁がなかったが、承暦四年（一〇八〇）には、父と同じ右大臣にまで昇進している。彼は催馬楽《さいばら》などの楽道《がくどう》の才能で知られ、また今日散逸してしまった日記『大右記《たいゆうき》』を記している。当時の日記は、今日のそれと異なって、政務・儀式の記録という公的性格をもっており、子孫の教科書にも用いられたものである。したがって、貴族なら誰でも日記を付けるわけではなく、日記を作成する人物は有職故実《ゆうそくこじつ》に通じた優れた官人であることを意味していた。こうした楽道と故実に関する俊家の才能は、子孫である中御門《なかみかど》家に受け継がれることになる。

外祖父宗俊

その長男宗俊《むねとし》は全子より十四歳年長の兄で、忠実の外伯父にあたる。彼も日記を残したとされるが、むしろ『今鏡《いまかがみ》』に「管絃《かんげん》のみちにすぐれておはしましける」と称された楽道の才能でその名を知られる人物である。同書は、忠実が「箏の琴は、すべてならびなくおはしまし」たとするが、箏の琴は十代のころに宗俊より学んだものである。また、『中外抄《ちゅうがいしょう》』上巻二十九条の談話によると、若いころの忠実は漢詩文に熱中し、学問修行のために寿命を縮めることを法輪寺《ほうりんじ》に祈るほどだったが、宗俊の諫言で断念し長寿を志したという。母方の一族が少年時代の忠実に与えた影響の大きさが窺われる。

従兄宗忠

宗俊の長男が『中右記《ちゅうゆうき》』の記主として名高い宗忠《むねただ》で、彼は忠実の従兄弟《いとこ》ということになる。宗忠は忠実より十六歳も年長ではあったが、白河《しらかわ》院政期から永治《えいじ》元年（一一四一）に没するまで忠実に近侍していた。『中右記』に院や院近臣に対する批判が頻出するの

藤原宗忠画像
（「天子摂関御影」宮内庁三の丸尚蔵館蔵）

は、このためである。こうした中御門家の日記・有職故実を重視する姿勢は、忠実に強い影響を与えたものと考えられる。なお、『今鏡』に忠実が天台《てんだい》止《し》観《かん》を学んだとある椙生《すぎふ》の法橋《ほっきょう》皇覚《こうかく》も、宗俊の弟基俊《もととし》の男で、忠実には従兄弟に当たる人物である。

父母の離別

さて、忠実という嫡子を得たものの、師通と全子の関係には間もなく亀裂が入ってしまった。『栄《えい》華《が》物語《ものがたり》』に「上の御仲らひ、怪しくかれがれにのみなりまさらせ給ふ」とみえる。そして、師通は忠実を出産して間もない全子と離別し、関白藤原教通《のりみち》の嫡男太政大臣《だじょうだいじん》信長《のぶなが》の養女（実父は藤原経輔）と結婚している。あるいは頼通と教通の系統を合一しようという政治的意図があったのかもしれないが、この女性の存在が全子との関係を冷却させたことは疑いない。

全子の怨念

しかし、この怨念を全子は決して忘れなかった。のちに忠実が頼長に語ったところによると、彼女は離別後に師通への報復を祈念するために、画工に亡父俊家の画像を描かせ礼拝した。果たせるかな、師通は急死し、後妻となった信長の養女もたちまちに零落したという（『台記』）。そして、彼女は忠実の摂関就任と失脚、復権と大殿としての活躍を見届けて、久安《きゅうあん》六年（一一五〇）に九十一歳の天寿を全うする。忠実は、その母から執念深さと長寿を受け継いだと言えるだろう。

二　幼年時代

幼名牛丸

忠実の幼名は牛丸《うしまる》と言った。彼は襁褓《むつき》にあるうちから、祖父である前太政大臣《さきのだじょうだいじん》師実《もろざね》の養子となっていたという。これは、父母の離縁によって祖父が養育せざるを得なかったことと、関白の子息として昇進の促進を目指したことを物語る。そして、鳥羽《とば》院政期に忠実が家司《けいし》中原師元《なかはらのもろもと》に語った語録『中外抄《ちゅうがいしょう》』によると、彼は公卿としての心得や摂関家の故実など、多くの教命を師実より伝授されているのに対し、父師通から学ぶことは稀であったようである。このことは、同書の中で師実を「故殿」と親しみを込めて呼ぶのに対し、師通に対し「二条殿」と他人行儀な呼び方をしている点からも明らかと言える。

着袴の儀

永保《えいほ》三年（一〇八三）三月七日、六歳を迎えた牛丸は、幼児から少年への通過儀礼である着袴《ちゃっこ》の儀式を行った。初めて身につけた袴《はかま》の腰紐を結んだのは養父の関白師実である。のちに共に岳父となる村上源氏の左大臣俊房《としふさ》・右大臣顕房《あきふさ》の兄弟が馬を引き、民部卿《みんぶのきょう》源経信《つねのぶ》以下の公卿が出仕する中で儀式は華々しく行われた。

童殿上

翌応徳《おうとく》元年（一〇八四）八月二十二日には、元服《げんぷく》前に昇殿を認められる童殿上《わらわてんじょう》を許された。昇殿とは、天皇の居所清涼殿《せいりょうでん》にある殿上の間への出入りを許されることで、公卿《くぎょう》以外の貴族にとっては大きな特権を意味していた。摂関家など上流貴族の子弟は、幼少のうちに昇殿を認められていたのである。こうして、正式の官位は得ていないものの、宮廷生活が始まった。同日、出仕に際して、父師通と親しい漢文学者大江匡房《おおえのまさふさ》が忠実の名字を選んだ。ここに「藤原忠実」が誕生したのである。なお、正式に殿上に着したのは同三年の十二月十日からで、この日、忠実は初めて宿直《とのい》を勤めている。

白河の譲位

ちなみに、同じ応徳三年の十一月、突如として白河天皇は皇子善仁《たるひと》親王に譲位し、上皇となった。それにともない、善仁の母である故賢子の養父師実は、新天皇の外祖父として摂政に就任している。一般的には堀河《ほりかわ》の即位が院政の起源と見なされるが、第二で後述するようにこの譲位は実子を強引に即位させる目的で行われたもので、白河院の院政が本格的に開始されるのは、まだ先のことであった。

元服

その二年後の寛治《かんじ》二年（一〇八八）、忠実は貴族社会に正式な登場を果たすことになる。まず正月二十一日、十一歳を迎えた忠実は、代々の摂関に継承されてきた正殿東三条殿において元服を遂げた。加冠役《かかんやく》は右大臣源顕房、理髪役《りはつやく》は摂関家の家司《けいし》を務め当時蔵人《くろうどの》頭《とう》で左中弁《さちゅうべん》であった藤原季仲《すえなか》である。大納言《だいなごん》藤原実季《さねすえ》が勧盃《けんぱい》を行ったほか、中納言源俊明《としあき》をはじめとする主要な公卿たちの列席のもとで、儀式は賑々《にぎにぎ》しく執り行われた。この日、忠実は正五位下《しょうごいのげ》に叙せられ、禁色《きんじき》（公卿以外に禁じられた服の色）の着用を許されている。こうして忠実は公式に貴族の一員に加わり、政界での活動を開始したのである。

摂政の孫として特権

位階《いかい》の授与に際し、忠実は殿上人の姓名を記す殿上名簿《みょうぶ》に「関白（摂政カ）之孫」と記されたという。すなわち、摂政師実の養子としてではなく、その孫として特権的地位を与えられたことになる。通常、貴族の子息は従五位下《じゅごいのげ》から出発し、それより高い位階を与えられるのは、天皇の皇子・孫である源氏と、養子を含む現職の摂関の子息のみであった。それ以外の立場で、いきなり正五位下に叙されたのは、藤原師輔《もろすけ》の子で皇女を母とする康保四年（九六七）の公季《きんすえ》を除けば初めてのことであった。このことは、摂関の権威が嫡孫にまで及ぶようになったことを意味する。

摂関は父子相承化

かつて、摂関の地位は外戚の所在によって様々に継承されていたため、特権はせいぜい子息までしか及ばなかった。しかし、この時期には摂関は父子直系相承するものという考え方が強まっており、嫡孫忠実に対する特権の付与は、こうした考え方を明示するものと考えられる。政治的地位や財産の父子相承を中心とする家族形態を「家」と称すが、このころには文字通り「摂関家」という観念がほぼ定着していたことになる。

五位中将

ついで二十八日に侍従《じじゅう》、翌二月十八日には右近衛権少将《うこのえのごんのしょうしょう》、そして六月五日には右《う》近衛権中将《このえのごんのちゅうじょう》へと昇進を遂げていった。侍従から近衛府の少将・中将への昇進は、摂関家の嫡男として定められた昇進経路をたどったものである。注目されるのは、忠実が五位のまま近衛中将を兼任し、五位中将となったことである。この五位中将は、当時摂関や村上源氏といった、最上級の公卿の子弟にのみ許された地位であった。そして忠実以後、この地位は摂関家嫡男の特権として大きな権威を有することになる。

石清水臨時祭の舞人

この間、二月二十八日から忠実は舞を習い、三月二十三日には石清水臨時祭の舞人《まいびと》を勤めている。翌日、舞人を終えて朱雀院《すざくいん》の柏殿に帰り着いて師実以下に迎えられた思い出は、七十年後の談話集『富家語《ふけご》』でも語られている（六十八条）。また、師実に仕え、歌人としても名声を博していた多田源氏《ただげんじ》の武将源頼綱《よりつな》は、舞人となった忠実の晴れ姿に次の歌を献じ、若き貴公子の前途を祝した。

咲初《さきそむ》るかさしの花の千代をへて　こたかくならん影をこそまて

源頼綱と多田荘

その頼綱は、同じ寛治二年の十一月十一日、忠実が氏神春日社《かすがしゃ》の祭の使者である春日祭使として下向した時に、露払いに当たる前駆《ぜんく》を勤めている。

頼綱は、かの大江山の酒呑童子《しゅてんどうじ》討伐の伝説で名高い頼光《よりみつ》の孫で、曾祖父満仲《みつなか》以来の所領である多田荘を藤原師実に寄進するとともに、その家司《けいし》・厩別当《うまやべっとう》など家政機関職員を勤めていた。すなわち、頼綱は師実と密接な主従関係を形成し、摂関家に自らの運命を託したのである。こうした頼綱の奉仕は、忠実の晩年に至るまで続く、多田源氏代々との主従関係の始まりであった。

従三位昇進

さて、忠実は以後も堀河《ほりかわ》天皇の外祖父として摂政の任にあった祖父師実の下で順調に昇進を遂げ、翌年には正四位下、寛治五年（一〇九一）正月十三日には、参議《さんぎ》に就かずに従《じゅ》三位《ざんみ》の位階を得て公卿の仲間入りを果たしたのである。時に忠実、十四歳。

三　公卿昇進と結婚

非参議従三位

公卿昇進には、忠実のように参議に就かずに従三位に叙される場合（非参議従三位）と、正四位下のまま参議に就任する場合があった。位階は下だが参議になれば政務に参加できたのに対し、従三位でも正規の官職を帯びない者は、陣定《じんのさだめ》以下の重要政務には参加できない。当時、忠実のように、いまだ政務を経験していない上流貴族の子弟が若年で公卿に昇進する場合には、非参議で従三位となるのが一般的であった。

権中納言

翌寛治六年（一〇九二）正月二十五日、忠実は参議を超越していきなり権中納言《ごんのちゅうなごん》に補任され、晴れて職事《しきじ》公卿《くぎょう》（正規の官職をもった公卿）に就任、祖父師実の下で本格的に政務に参加することになった。二十九日に着陣をすませると、二月四日の祈年祭《きねんさい》に際して、儀式遂行の中心公卿として種々の指図を行う上卿《しょうけい》を初めて勤仕している。

春日祭の上卿

ついで二月六日には、藤原氏の重要行事春日祭の上卿という大役が待っていた。春日祭の上卿は、摂関家の後継者が上卿を担当できる権中納言に就任した直後に勤める習わしとなっており、奈良に向かう上卿の一行は大規模な編成が行われ、豪華に装うことになっていた。忠実一行の有様は、院近臣であるとともに家司として摂関家に仕え、この時の実務担当役の行事《ぎょうじ》を勤めた藤原為房《ためふさ》の日記に記されている。

　忠実は、摂政師実、父の内大臣師通、左右大臣以下が見守る中、午刻に三条殿を出立したが、その行列次第は、前掃、執幣、案主《あんず》、乗尻《のりじり》十人、厩舎人《うまやとねり》十人、殿上人《てんじょうびと》二十六人、地下公達《じげきんだち》十人、諸大夫《しょだいぶ》三十人という大規模なものである。院とその愛娘中宮媞子内親王は五条高倉で見物していたが、院宣により前駆は下馬しなかった。途中、のちに深いかかわりを持つことになる、宇治の富家殿《ふけどの》で食事をとった。かねてから宇治に赴いていた四条宮寛子—頼通の娘で後冷泉《ごれいぜい》天皇の皇后—が、同地で行列を見物している。七日に春日社への奉幣が行われ、八日に一行は無事帰京した（『為房卿記』）。

春日大社社殿

紙幡河原の笠懸

　なお、その帰途、木津川を渡る「紙幡《かばた》」（綺）河原で恒例の笠懸《かさがけ》が行われ、随行した河内源氏の源義綱《よしつな》麾下の武士がこの役を勤めた。この武士は字《あざな》進藤六兼貞と称し、「形容甚美《けいようはなはだび》」で、顔色も変えずに笠懸の的に命中させて万人を感嘆させたという。当時義綱は、後三年合戦の処理に失敗した義家《よしいえ》にかわって、京における武士の第一人者として活躍しており、摂関家とも深い関係を有していた。その義綱が、わずか三年後に父師通の運命をも暗転させる大事件に巻き込まれることは、むろん誰も知る由もなかった。

白河院別当

宗忠《むねただ》は、三日間風雨の難がなかったことは「神冥《しんめい》の感応《かんのう》」のお蔭であろうとして、人々が感銘を受けたと記している。もっとも、前駆たちは禁制を破って「紅打衣《うちぎぬ》錦二襲《かさね》」を着用していた。これが許されたのは、師実と白河院の緊密な関係の所産であろう。なお、忠実は、翌年三月にも院の春日御幸に随行し、突然社頭で院庁《いんのちょう》の中心的な役人である院別当《いんのべっとう》に補任《ぶにん》されている。宗忠は「社前における不慮の慶《よろこ》び、これ神徳の致すところか」と書き記している（『中右記』）。

春日上卿を勤めた直後の十一月、忠実は中宮大夫雅実《まさざね》らとともに、検非違使源仲宗《なかむね》が連行する犯人を堂々と見物して、師実の怒りに触れている。若者らしい軽率さ、また従兄で、のちに義兄ともなる雅実との親密な交遊などが窺われる。

左大将

師実が関白を師通に譲渡した直後の嘉保《かほう》元年（一〇九四）三月二十八日、忠実は左《さ》近衛《このえの》大《たい》

源俊房画像（『春日権現験記絵巻』宮内庁三の丸尚蔵館蔵）
春日明神が憑依した堀川左大臣源俊房（右）が，婿の忠実（左）に真相を伝える場面。（次頁参照）

権大納言

将《しょう》（左大将）に就任した。左大将《さだいしょう》は、源氏を除けばおおむね摂関家の嫡男が補任されることになっており、まさに関白の後継者を象徴する地位に就いたことになる。そして承徳《じょうとく》元年（一〇九七）には権大納《ごんだいな》言《ごん》に昇進し、大臣も目前となった。

最初の妻源任子

この間の彼の結婚についてふれておくことにしたい。忠実は、十二歳の寛治《かんじ》三年（一〇八九）、左大臣源俊房《としふさ》の娘任子と結婚している。村上源氏との婚姻関係は祖父師実に習ったもので、摂関家と村上源氏代々との緊密な関係を受け継いだことになる。そして、嘉保元年十月三日には最初の女子が生まれたが、わずか五日後の八日に死去している。翌年には男子、永長元年（一〇九六）十二月には再度女子が生誕するが、この娘も翌年の正月二十日に早世してしまった。師実・師通はもちろん、岳父俊房の悲嘆は大きかった。

俊房の悲嘆

その前に生まれた男子についても、その後の記録に見えず、恐らくは早世したのであろう。『春日《かすが》権現《ごんげん》験記《げんき》絵巻』には、俊房が早世した男子の身代わりを偽って摂関家の跡取りとして養育しようとしたため、春日明神が憑依《ひょうい》して真相を口走ったという逸話がある。男子の早世を裏付けるとともに、相次ぐ夭折《ようせつ》で危機に陥った婚姻関係に焦慮する俊房の姿を彷彿《ほうふつ》させるものと言えよう。俊房にしてみれば、堀河天皇の外戚として今をときめく弟顕房《あきふさ》一門に対抗すべく、摂関家との婚姻関係にかける面もあったのではないだろうか。度重なる不幸は夫婦関係も冷却させ、結局任子との婚姻関係も消滅することになる。

正室源師子

相次いで忠実の子女を儲け、正室の座につくことになるのが、源顕房の娘師子であった。彼女は忠実より八歳年長の延久《えんきゅう》二年（一〇七〇）の生まれで、すでに寛治六年ごろに白河院の寵愛を受け、のちに仁和寺《にんなじ》の僧覚法《かくほう》となる皇子も出産していた。『今鏡《いまかがみ》』には、麗子のもとに仕えている彼女に一目惚れした忠実が、恋煩いにかかった末に、麗子を通して師子を院から譲り受けたという逸話がある。

高陽院と忠通

師子は嘉保二年（一〇九五）に勲子（のちの泰子・高陽院）を出産した。したがって、この少し前に結ばれたことになるが、この時には任子との結婚も継続していた。師子が、忠実と宿命的な関係をたどる後継者忠通《ただみち》を出産したのは、承徳《じょうとく》元年（一〇九七）のことであった。かくして、后となるべき女子と、嫡男を生んだ師子が正室の座を得ることになるのである。

以下では忠実の生涯を離れて、彼の生誕から少年期における祖父師実・父師通の活動や、当時の政情についてふれることにしたい。

第二　祖父と父

一　師実の関白就任

祖父師実

忠実の祖父、そして養父として大きな影響を与えた師実《もろざね》は、道長《みちなが》の孫、頼通《よりみち》の次男で、兄通房《みちふさ》の夭折で摂関の後継者となった。長久三年（一〇四二）の生まれで、忠実の誕生当時は三十七歳の壮年に達していた。その正室は村上源氏の源師房《もろふさ》の娘麗子で、彼女の姪に当たる顕房《あきふさ》の娘賢子を養女とし、彼女が白河の中宮《ちゅうぐう》となって堀河《ほりかわ》天皇を生んだお蔭で、摂政の地位を確保できたのである。

村上源氏との婚姻関係

源師房は村上《むらかみ》天皇の孫、具平《ともひら》親王の皇子で、寛仁《かんにん》四年（一〇二〇）に頼通の養子となった時に源姓を賜っている。彼は頼通に実子が誕生するまで、しばらく摂関家の後継者に擬せられ、道長の娘尊子の婿ともなっている。こうした縁で道長流と村上源氏とは、代々密接な婚姻関係を結んでおり、忠実も二人の室を村上源氏から迎えることになる。そして、頼長の日記『台記《たいき》』にも記されているように、院政期には村上源氏を「御堂末葉《みどうまつよう》」（藤原道長の子孫）とする観念が定着していた程である。のちに村上源氏の子孫久我通親《こがみちちか》と、摂政九条兼実《くじょうかねざね》が対立したことから、村上源氏と摂関家とが代々対立していたかのように理解するのは大きな誤りと言わねばならない。

摂関をめぐる内紛

この師実の関白就任をめぐって、摂関家では大きな内紛が発生しているが、その淵源は頼通・教通兄弟の対立に遡る。相次いで娘を天皇に入内させながら外孫に恵まれない頼通に対し、教通も長暦《ちょうりゃく》三年（一〇三九）に娘生子を後朱雀《ごすざく》天皇に、八年後にはその妹歓子

系図1　道長流・村上源氏関係系図

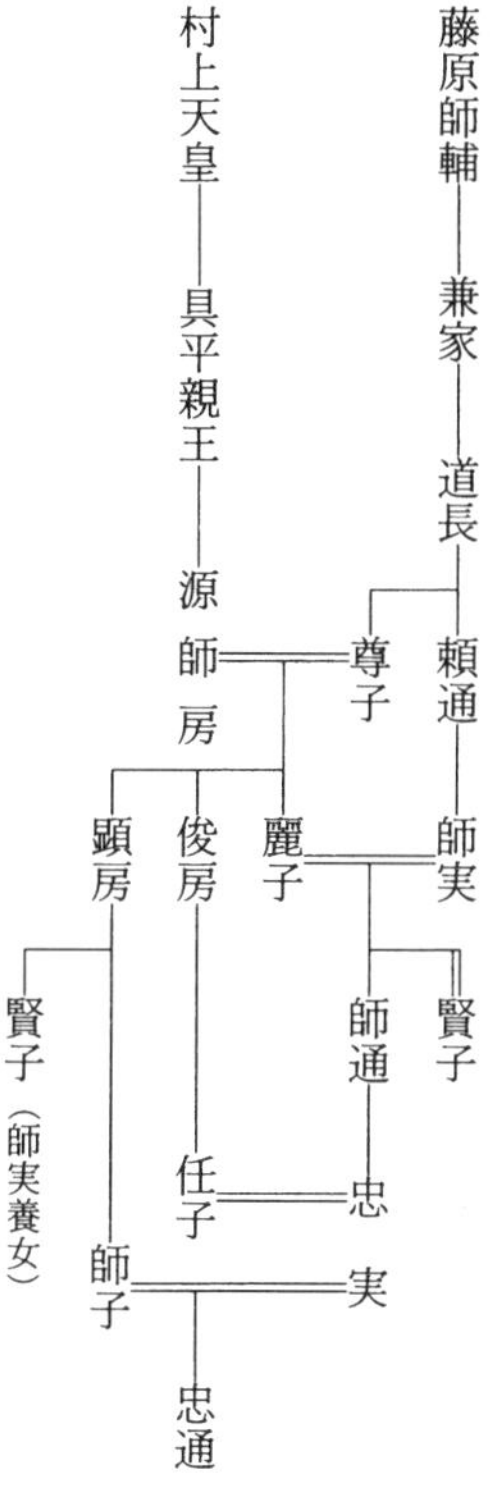

を後冷泉《ごれいぜい》に入内させ、外戚・摂関の座をめぐって頼通と激しく対立したのである。

頼通と教通

頼通が父道長と同じく、摂関の地位を生前に子息に譲渡しようとしたという逸話が『古事談《こじだん》』に見える。すなわち、頼通は後朱雀天皇の時代、外孫を得られないまま、関白を子息師実に譲渡しようとして、姉上東門院彰子の反対で失敗したというのである。年代から見て、この子息は長男の通房《みちふさ》と考えられるが、天皇の母である国母の摂関人事に対する大きな権限を明示している点で興味深い。また、頼通の子息は天皇の従兄弟に過ぎず、彰子は外戚と無関係に摂関を父子相承しようとすることに反発したものと考えられる。

師実と信長

結局、摂関家と外戚関係のない後三条《ごさんじょう》天皇の即位が不可避となった治暦《ちりゃく》三年（一〇六七）十二月、頼通はついに関白を弟教通に譲渡することになった。しかし、教通もやはり外戚の地位を得ることは出来ず、教通の後任については頼通の子息師実と、教通の子息信長が激しく対立したのである。

国母の役割

さきの逸話のように、摂関時代において摂関継承をめぐる紛争が生じた場合、摂関家出身の国母が裁定を下している。先述の彰子のほか、兼通《かねみち》・兼家《かねいえ》の対立に際し、遺言によって兼通に関白を与えた円融《えんゆう》天皇の母安子、あるいは道長と伊周《これちか》の紛議において道長を支援した一条天皇の母詮子《せんし》の役割は、このことを物語る。しかし、周知のように当時の後三条天皇は摂関家を外戚としておらず、摂関家は国母も失っていたのである。この結果、摂関をめぐる紛争は後三条天皇の調停に持ち込まれるにいたった。

後三条天皇の方策

天皇は師実に対する関白譲渡を求める頼通の嘆願を拒否する一方で、師実の養女賢子と皇太子貞仁《まさひと》親王の婚儀を認めるのである。一見矛盾したこの決定は、関白を教通にとどめながら、頼通・師実の系統に外戚の可能性を与え、摂関家の内紛を煽《あお》ろうとする策略と考えられる。しかも、天皇は延久《えんきゅう》四年（一〇七二）に突然貞仁に譲位するとともに、摂関家と関係のない実仁《さねひと》親王を春宮《とうぐう》に擁立したのである。このことは、婚儀を認めながら、摂関家の外戚関係の復活をも阻止しようとした天皇の意志を物語る。外戚の座を失った摂関家は、天皇の掌のままに弄ばれる有様となっていた。

白河天皇の裁定

結局、摂関をめぐる内紛の決着は白河《しらかわ》天皇の時代に持ち越された。そして、承保《じょうほ》二年（一〇七五）九月に教通が死去した際、中宮賢子の白河天皇に対する嘆願が奏功して、左大臣師実が内大臣信長を抑えて関白に就任したのである。こうして師実は摂関の座を確保したが、以上の内紛を通して摂関の人事権は天皇に掌握され、摂関は天皇に従属するに至った。

二　アイアイマイラセテ——師実と白河院

『愚管抄』の師実評

忠実の孫である僧慈円《じえん》の『愚《ぐ》管抄《かんしょう》』が師実と白河天皇の関係を「アイアイマイラセテメデタク有ル也」と記したように、白河の温情で関白に就任した師実が、天皇と協調したのは当然と言えよう。また、天皇の岳父として緊密なミウチ関係にあったことも、両者を協調させた一因である。しかし、この間に政務や行事の主導権は摂関から天皇に移行してゆくことになる。

勅撰和歌集の編纂

歌合わせなどの儀式を天皇が主催するようになったことは、橋本義彦氏の指摘（『平安貴族』）の通りだが、同時に忘れてならないのは承暦《じょうりゃく》二年（一〇七八）に藤原通俊《みちとし》を編者とする『後拾遺《ごしゅうい》和《わ》歌集《かしゅう》』の編纂が開始されたことである。これは一条天皇の寛弘《かんこう》五年（一〇〇八）に成立した『拾遺《しゅうい》和《わ》歌集《かしゅう》』以来久方《ひさかた》ぶりの勅撰和歌集で、道長・頼通らの摂関全盛期に行われなかった勅撰和歌集の編纂が再開された意味は大きい。この編纂事業を通して、天皇こそが歌壇の、そして文芸の中心であることを貴族たちに周知させたものと考えられる。なお、『後拾遺和歌集』は白河が退位した応徳《おうとく》三年十月に完成している。

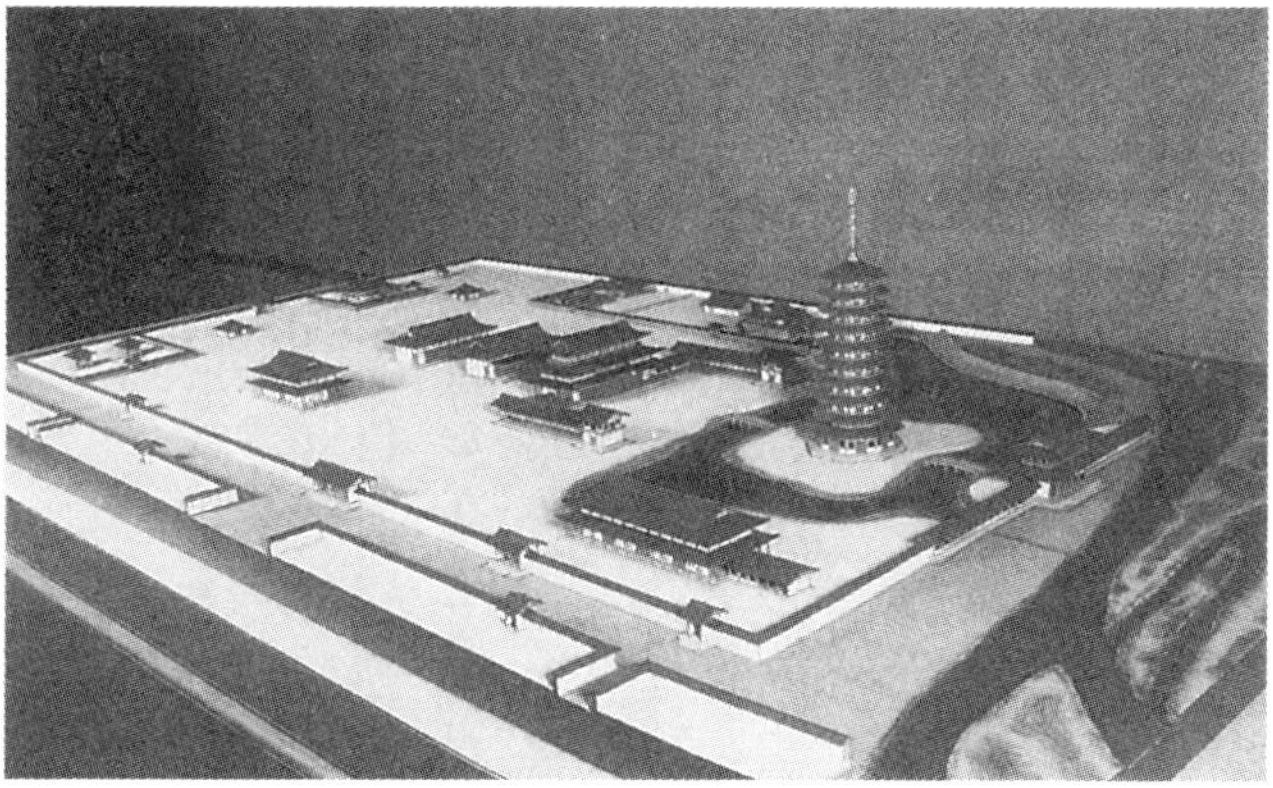

法勝寺復元模型（京都市歴史資料館蔵）

法勝寺は王家の氏寺として壮大な伽藍を有した。八角九重塔はその象徴。

法勝寺の建立

一方、仏教界でも大きな動きがあった。白河天皇は承暦元年、京と鴨川を隔てた白河の地に道長の法成寺《ほうじょうじ》を凌ぐ大寺院法勝寺《ほっしょうじ》を建立したのである。八角九重塔を有した巨大な七堂伽藍《しちどうがらん》の威容は、見るものに天皇の権勢を痛感させるものであったと考えられているが、この寺の建立には別の意味があった。

北京三会の成立

すなわち、創建の翌年からこの寺を舞台に行われるようになった大乗会《だいじょうえ》は、後三条天皇が建立した円宗寺《えんしゅうじ》における法華《ほっけ》・最勝会《さいしょうえ》とともに北京三会《ほっきょうさんえ》を形成し、天台顕教系僧侶の僧綱昇進を決定する法会に位置づけられるのである。この結果、興福寺《こうふくじ》の維摩会《ゆいまえ》を中心とする南《なん》京三会《きょうさんえ》に独占されていた顕教系僧侶の僧綱《そうごう》昇進の経路から、天台系の僧侶の昇進経路が分離されることになった。このことは、維摩会の意義を低下させるとともに、興福寺と結ぶ摂関家の権威にも大きな打撃を与えたものと考えられる。

白河の退位

そうした最中の応徳《おうとく》三年（一〇八六）十一月、白河天皇は突如退位して太上天皇《だいじょうてんのう》となり、皇子善仁《たるひと》親王が即位した。堀河天皇である。通常、この譲位は院政を目的としたものと考えられ、教科書などでもこれ以後院政が成立したとされている。しかし、すでに橋本義彦氏が明らかにしたごとく（『平安貴族』）、ただちに院政が開始されたとするのは疑問である。そもそも先例のない院政を当初から目的とするとは考え難い。

譲位の真相

譲位の真相は、前年に父後三条が定めた東宮実仁《さねひと》親王が死去した混乱に乗じ、白河が実子善仁を即位させようとしたことにあった。後三条は、実仁親王に万一のことがあった時は、その弟輔仁《すけひと》親王を即位させるように命じていたらしいが、白河はそれを破ったのである。

父院として天皇の親権を獲得

善仁は、天皇の深い寵愛を受けながら応徳元年に僅か二十七歳の若さで死去した賢子の忘れ形見であったし、なによりも実子の即位によって、父院として天皇の親権を獲得できたのである。ここに、白河が実子即位に固執した原因がある。父院としての権力獲得は、後述するように院政につながる面もあった。

師実も外祖父となる

善仁親王の即位は師実にも大きな恩恵をもたらした。養女が生んだ皇子とはいえ、外孫が即位したことになり、師実は実に道長以来久方ぶりに天皇の外祖父として摂政となったのである。外祖父で摂政というのは、良房《よしふさ》・兼家《かねいえ》・道長《みちなが》以来、四人目のことで、その名前からもわかるように、強大な権力を掌握できる立場であった。

師実と白河院の協調

もっとも、義理の父娘関係という制約もあり、肝心の国母賢子はすでに死去していた。しかも、かつて関白を与えられた恩義があるだけに、師実は院との協調を続け、政務は両者によって遂行されていた。たとえば、師実の摂政在任中の寛治《かんじ》五年（一〇九一）六月、当時の京において最も有力な武士であった源義家《よしいえ》・義綱《よしつな》兄弟が、河内の所領をめぐって相互に兵を動員し、京で合戦を企てるという大事件が勃発した。この時、公卿の議定《ぎじょう》を経た師実は白河院の意見を仰ぎ、結局「国司随兵の入京を止めよ」という院の命令が官符として下されている（『後二条師通記《ごにじょうもろみちき》』）。

師通の関白就任

やがて寛治八年、老いた師実は関白を長男師通に譲った。師通も堀河の外叔父に当たり、外戚の一員であったから、譲渡に大きな問題はなかった。かつて寛仁《かんにん》元年（一〇一七）に道長が頼通に摂政を譲渡した先例に習ったもので、摂関継承の紛争を未然に防止する意味もあったと考えられる。かくして、関白の座についた師通は、当時三十二歳の壮年、そして白河に負い目がないだけに、白河と対立する政策をとることになるのである。

三　天下粛然——師通の執政

父師通

忠実の父師通は、康平《こうへい》五年（一〇六二）九月十一日に師実の長男として生まれた。母は村上源氏の右大臣源師房の娘麗子で、義姉賢子は本来従姉に当たる。堀河天皇の義理の叔父として、父の譲りを受けて関白となったのである。師通が、白河院の近臣でもある漢文学者大江匡房や、大学頭《だいがくのかみ》惟宗孝言に学問を学び抜群の才能を誇ったことは、『本朝《ほんちょう》世紀《せいき》』の彼の薨伝《こうでん》に「好《この》みて学《まな》び、倦《う》まず」とか、「百家《ひゃっか》に通覧《つうらん》せざるなし」と評されたことからもわかる。

師通の政務

同じ『本朝世紀』の薨伝に「嘉保《かほう》・永長間《えいちょうのかん》、天下粛然《てんかしゅくぜん》」とあるように、関白に就任した直後の嘉保・永長年間（一〇九四〜九六）、師通はまだ年少の堀河天皇を補佐しながら、厳正な政務を遂行していった。その師通について『愚管抄《ぐかんしょう》』は「事ノホカニ引ハリタル人ニテ、世ノマツリコト（政）太上天皇（白河院）ニモ大殿（師実）ニモ、イトモ申サデセラルル事モマジリタリケルニヤトゾ申スメル」と記している。すなわち、剛毅《ごうき》な性格で何事にも道理を貫き、院や師実にも相談せずに政務を行うこともあったという。

延暦寺の強訴を撃退

たとえば、嘉保二年（一〇九五）十月、美濃守源義綱《よしつな》に対する延暦寺《えんりやくじ》・日吉《ひえ》神社の強訴《ごうそ》が発生した際の措置は、師通の政務の特徴を如実に物語るものと言える。強訴の発端は、美濃国《みののくに》の延暦寺領荘園を義綱が宣旨《せんじ》により収公した際の小競り合いで、流れ矢のために僧が死亡したことにあった。したがって、義綱の解任を要求する強訴は不当なものであったが、すでに三年前に加賀守藤原為房《ためふさ》を配流に追い込んだことのある延暦寺・日吉社は、宗教的権威を背景として強訴をひき起したのである。

ほぼ単独で対処

寺社の強訴は、当時最大の事件であったが、師通はつねに内裏における自身の執務室である殿下直廬《じきろ》で公卿会議を開催して公卿たちと対策を協議している。そして、白河院との連絡はとったものの師実の意見を仰ぐことはなく、ほぼ独断で当事者の源義綱や大和源氏の頼治《よりはる》以下の武士を派遣し、ついに強訴を撃退したのである。もっとも、この時に武士の射た矢が神輿《しんよ》や神人《じにん》に命中したことが、のちに師通の早世の原因と喧伝《けんでん》されるようになるとは誰も想像だにできなかったことだろう。

院御所で下車せす

師通は『今鏡』にも有名な逸話を残している。すなわち、院御所の前を通りかかった際、「おりゐ（退位した）の帝の門に車立つるやうやはある」と称して、下車の礼をとらず通りすぎたというのである。また『吉部秘訓抄《きちぶひくんしょう》』には、白河院の乳母子藤原顕季の邸宅を身分不相応として破却したという逸話も載っている。師通は院を単に政治から排除するだけでなく、白河院や院近臣に対する反感をもあらわにしていたのである。

白河院の政務

師通には、父師実のように白河院から関白に補任された負い目がなかった。父は非外戚でありながら院から関白に任じられたのに対し、師通は外戚である上に父の譲渡で関白になっていたのである。したがって、彼は平安初期の平城《へいぜい》上皇の乱以来、一般政務に介入すべきでないと考えられてきた上皇を排除し、独自の政務を遂行しようとした。このため、白河が関与した政務は、源義家のような院に近侍する者の功過定や除目《じもく》、行幸といった内容で、基本的に院司《いんじ》や王家内部に関する問題に限られていた。

このように、師通の政務は、白河院と協調的な師実の時代のそれとは大きく異なっており、おそらくは全盛期の摂関政治の復活を目指していたと考えられる。こうした父の下で忠実は公卿として、政務に研鑽《けんさん》し摂関の後継者としての修行の日々を送っていたのである。しかし、この政治体制に突如として大変動が起こり、忠実の運命も大きな転換を余儀なくされることになる。

第三　苦難の出発

一　摂関の断絶

師通の急死

承徳《じょうとく》三年（一〇九九）六月二十八日、政界に激震が走った。三十八歳の壮年であった関白師通が死去したのである。直前の十六日まで、日記『後二条師通記』に記述を残し、政務に活躍していたことから、その死はかなり唐突に訪れたものと考えられる。原因は悪瘡（できもの）とされる。

師通の急死は様々な憶測を呼んだが、とくに嘉保《かほう》二年の強訴撃退に際して神輿を射立て神人を殺害したことの祟りとする説は有力で、『愚管抄《ぐかんしょう》』や『平家物語《へいけものがたり》』にも記されている程である。このため、以後院や貴族は強訴の宗教的権威を恐れて弱腰となり、強訴《ごうそ》は益々激化することになった。ただし、強訴が合戦ではなく、宗教的示威行為であった点に注意する必要がある。すなわち、貴族は悪僧・神人の武威ではなく、師通のごとく神罰に倒れることを恐怖し、神仏をも恐れぬ威力をもつと考えられた武士に防禦を委ねたのであった。

忠実は内覧にとどまる

さて、師通の死去当時、忠実は二十二歳の若年で官職も大臣に至らず権大納言だった。このため、関白を継承することはできず、八月二十八日に至ってようやく内覧《ないらん》に就任したに過ぎない。関白を譲った後の師実はすでに政界を引退しており、師通の急死は摂関家に大きな打撃を与えることになった。このことは摂関政治復活の可能性を消滅させ、院政成立の一因となったとされている。しかし、仮に師通が存命であったとしても、摂関政治の復活は困難と考えるべきである。その理由として以下の三点が指摘できる。

後宮は白河が差配

まず第一に外戚形成が制約されていた。師通には入内させるべき娘がなかったし、また堀河の後宮は白河が差配していたのである。寛治七年二月にその中宮に冊立されたのは後三条皇女篤子内親王であった。二年前の入内の時、天皇は十二歳で篤子は三十一歳というかなり無理な婚姻だったが、王家による後宮の独占と、弟輔仁親王の即位を阻害して父後三条の遺言に背いた埋め合わせという意図があったらしい。

ついで承徳二年十月に入内したのは、藤原北家閑院流の実季《さねすえ》の娘苡子であった。彼女は、白河の母茂子の姪にあたり、康和《こうわ》五年（一一〇三）正月に後の鳥羽天皇となる宗仁《むねひと》親王を出産するが、そのお産がもとで死去する運命にあった。また苡子の兄公実の室藤原光子（為房の姉妹）が善仁に続いて宗仁の乳母となったように、妃・乳母などは院近臣が独占していたのである。このように、摂関家の入内・外戚形成は白河院によって制約されており、外戚を前提とする摂関政治の継続は困難であった。

ミウチ政治の解体

第二に、摂関時代との政治構造の変化がある。天皇との血縁・姻戚関係（ミウチ関係）のある者のみが高位高官を独占していた摂関時代と異なり、当時は家職・家格を継承するイエが成立しており、公卿の多くは天皇とのミウチ関係を有していなかった。したがって、彼らはそれほど外戚を重視しておらず、外戚関係を復活した師実・師通の時代でも、兼家・道長の時代のような権威を回復していたわけではなかった。

堀河と師通の対立

第三に、天皇と師通の関係の険悪化が指摘できる。美川圭氏の指摘（『院政の研究』）のように、承徳元年の五節において、ささいなことから天皇が師通と衝突し、摂関家の者が出仕停止となるなど、しだいに天皇と関白の間の亀裂が明らかになりつつあった。親裁を志向した成人天皇は、うるさ型の関白とはとうてい協調出来なかったのである。

さて、忠実は内覧にとどめられたために摂関が不在となった。内覧のみで摂関不在は一条・三条朝の道長の時代以来のことである。しかし、当時は国母を始め、政界の中枢を道長に近い人々が独占していたし、三条朝の道長は天皇の補佐を拒否し、退位を促進するために意図的に関白を忌避しており、今回とは全く状況は異なっている。

忠実が内覧にとどまった原因は、当時まだ二十二歳と若く、最年少で摂政となった頼通の二十六歳を下回っていること、また大臣以外の公卿は摂関に就く前に、かつての兼通や道長のようにいったん内覧となるのが通例であったこと、そして師通時代における院・天皇と関白の対立・軋轢《あつれき》が、関白設置に消極的な空気を生んだと考えられることなどが指摘できよう。

いずれにせよ、道長の摂政就任以来、連続して存在してきた摂関が断絶したのは事実であった。政治経験も乏しいまま、内覧・氏長者《うじのちょうじゃ》として摂関家の総師の座についた忠実にとって、すでに第一線を退いたとは言え、政務の師匠である祖父師実の存在が大きなものとなったことは想像に難くない。

二　祖父の死

忠実は内覧となった翌康和二年（一一〇〇）に右大臣に昇進、左大臣の源俊房《としふさ》、忠実と同時に内大臣に就任した源雅実《まさざね》という村上源氏一門に囲まれる形で、政務を推進することになった。執政の座に就いたことを反映して、この年より日記『殿暦《でんりやく》』の記述が著しく精密になっている。

同年、忠実はたびたび「殿下」、すなわち前摂政の師実を訪ねている。幼いころから政務・儀式の指導を受けた師実に、政務などを相談しようとしたものと考えられる。また、正月には管弦の習得に熱を入れたためか、「日本第一」と称された笛を与えられている。このように内覧就任後も、忠実は公私にわたって養父に依存する面が強かった。

師実の死去

ところが、その師実が翌康和三年正月末に重病に陥ったのである。二十七日に療養先の宇治に赴いた忠実は、京に帰らずにずっと師実のもとに伺候《しこう》した。師実の別荘には、忠実のほかにも師実の姉四条宮寛子、北政所麗子、子供たち、天台座主仁覚《にんかく》、中宮大夫源師忠らも詰めかけていた。二十九日、病が重篤となった師実は、仁覚を戒師として出家した。そして二月十三日、宇治の御所僧都沢房で六十歳の生涯を閉じたのである。

幼い日より養育を受け、父亡き後も政務の師として頼みとしていた師実の死去は、忠実に激しい衝撃を与えた。彼はその日の日乗に「寅刻《とらのこく》、入道殿下御入滅《ごにゅうめつ》。(中略)この間、万事不覚《ばんじふかく》。よって委記《いき》する能《あた》わず」と記したし、この後、二十日まで『殿暦』には

法成寺と平等院の改修

宇治平等院鳳凰堂

瓦葺きで，堂々とした翼廊を持つ現在の姿になったのは，忠実の大改修の結果である。

全く記述が見えないのである。師実の葬儀は、二十一日に頼通の先例に倣《なら》って行われ、その遺骸は「栗小馬山《くりこまやま》」（栗駒山）に葬られた。かくして、父と、そして養父でもあった祖父を相次いで失った忠実は、二十四歳にして双肩に摂関家を担うことになったのである。

　師実が亡くなった二ヵ月余り後の康和三年四月二十五日、氏長者忠実は藤原氏の氏寺である法成寺《ほうじょうじ》と宇治平等院の大改修を命じている。前者が道長、後者が頼通によって創建されたように、まさに両寺は摂関政治の全盛期を象徴する寺院であった。今日、すっかり廃絶してしまった法成寺の改修がいかなるものだったのかは知るよしもないが、宇治平等院の改修については、発掘の成果を通して推測が可能である。

鳳凰堂の大改修

それによると、十二世紀前半に鳳凰堂《ほうおうどう》の翼廊の基壇《きだん》が造営され、同じころから河内国《かわち》玉櫛荘《たまぐし》の瓦が大量に出土するようになったことが確認されている。したがって、鳳凰堂が恒久的な翼廊を伴った、全面瓦葺きという現在のような姿になったのは、この忠実による改修の結果と考えられるのである。まさに摂関家の面目にもかかわる大事業であったと言えよう。若くして摂関家の当主となり、困難な情勢に立ち向かおうとする忠実の決意を窺うことができる。

新当主としての活動

つづいて忠実は、七月に初めて法成寺の経蔵《きょうぞう》を開扉して宝物を検知し、八月十一日には初めて父師通の日記を見て、「実《じつ》に神妙なり。委《くわ》しき事、実に以て神妙なり」と感嘆している（『殿暦』）。明晰《めいせき》な頭脳と強い意志を持ちながら政務の中途に斃《たお》れた父の無念、摂関家当主としての責任を痛感したことであろう。康和五年十二月には師子が生んだ長男威徳《いとく》が昇殿し、大江匡房は彼のために忠通《ただみち》の名を選んだ。ちなみに、もう一つの命名の候補は「兼実」であったという。十二月には叔父の家忠が右大将に、妻の兄源雅実が左大将となったが、これより先の十一月、家忠は忠実に大将就任を要請している。新たな家長として近親者のために奔走する忠実の姿を見ることができる。

清衡の貢馬

一方、翌長治《ちょうじ》元年（一一〇四）四月には、陸奥の豪族藤原清衡《きよひら》が進めた馬を高陽院の馬場で初めて馳せ、さらに七月にも再び清衡から馬二匹を贈られている。夷狄《いてき》と蔑む辺境の豪族から貢がれた駿馬を目の当たりにして、陸奥の豊かな物産への関心を高めたことであろう。忠実は、やがて清衡の寄進を受けて奥羽に荘園を形成することになる。

このように、父師通に続く祖父師実の死去をも乗り越え、摂関家の新たな当主として順調に歩みだしたかに見える忠実だったが、第二で先述したように政治構造の変化から摂関家の権威が低落していただけに、若年の彼はたちまちのうちに、多くの苦難に直面することを余儀なくされたのである。

三　無力な関白

内覧の立場

当時の政情は忠実にとって厳しいものであった。天皇とともに最終的な政務決裁に臨むことができた関白と異なり、内覧の立場は弱いものとならざるをえなかった。たとえば、康和三年（一一〇一）、鎮西《ちんぜい》で対馬守《つしまのかみ》源義親《よしちか》が濫行《らんぎょう》に及んだ際、忠実の主催する陣定《じんのさだめ》で対応策が審議されたが、彼は「院に申し上げてどうするか決めるべきだ」と称している。政務の最終決定権は白河院が掌握していたのである。同年十月に東大寺の僧永観《えいかん》が申請

白河院への従属

した赤袈裟着用問題でも、忠実は院と天皇の合議に最終決定を委ねている（以上『殿暦』）。日記『殿暦』を見ると、忠実は年間十回以上も白河院のもとに赴いているが、これは従来の摂関には見られないことであった。院を訪問した目的は不明確だが、おそらくは政務についての指示を仰いだのであろう。決裁を下せない内覧忠実は、政務において院に従属を余儀なくされたのである。この結果、本来は父院として天皇のミウチの問題にのみ介入していた白河院は、広範な国政に進出することになった。

白河院と寺院問題

また院近臣である受領との紛争や、院の仏事・寺院への人事介入から頻発した強訴も、院が解決すべき問題と考えられたため、院の政治発言が拡大される結果ともなっている。それればかりか、院は興福寺に積極的な介入を開始して摂関家に圧力を加えるに至った。まず康和二年（一一〇〇）、院は興福寺側の反発を退けて近習の僧範俊《はんしゅん》を権別当《ごんのべっとう》に補任《ぶにん》したが、翌年の維摩会《ゆいまえ》では彼の講師挙を制止しようとして大衆が蜂起するに至った。康和四年には、南山城《みなみやましろ》の木津《きづ》における院庁官と興福寺衆徒との乱闘が原因で、忠実の義兄（師実の男）に当たる興福寺別当覚信《かくしん》が院から勘当され、別当の職務を停止されてしまった。その措置は翌年の五月に及び、衆徒の憤激を招いた。これら一連の動きには、師通・師実の急死を利用して、興福寺関係の人事、そして南都顕教系僧徒の僧綱《そうごう》昇進の舞台である興福寺維摩会に介入しようとする院の意図が関係していたと考えられる。

また、康和四年五月には、三月に死去した法成寺別当仁覚の後任として、天台座主仁《にん》源《げん》の補任を要求する延暦寺悪僧が、忠実の邸宅枇杷殿《びわどの》に強訴《ごうそ》する騒動も起こった。山門・寺門両派の対立に巻き込まれた形ではあるが、忠実の面目が失われたことに相違はない。

忠実に対する侮蔑

忠実の院に対する政治的従属や不安定な立場が明らかになると、摂関家内にも彼を侮蔑する行動が顕著となってくる。たとえば、長治《ちょうじ》元年（一一〇四）正月の法成寺修正には、「今夜、上達部《かんだちめ》・殿上人一人も参らず。奇怪のこと。一の家（摂関家）の人々等一人も参らず。不便きわまりなし」（『殿暦』）という有様であった。忠実を軽んじたのは一族だけではない。翌長治二年の臨時客の用途は、本来勤仕するはずの家司阿波守《あわのかみ》源高実《たかざね》が辞退したため、中宮権大進であった藤原為隆《ためたか》を通して中宮篤子内親王に依頼しなければならなかった。家司の中にも、摂関家を軽侮する動きが出始めたのである。忠実の氏長者としての出発は、その気概とは裏腹に苦渋に満ちたものとならざるを得なかった。

関白就任

その忠実が待ちに待った関白に就任したのは、長治二年（一一〇五）十二月二十五日のことであった。時に忠実は二十八歳、頼通が摂政に就任した年齢をとっくに過ぎていた。

とはいえ、一門にとって彼が関白に就任した慶びは格別で、関白就任の慶賀を所々に申し上げる忠実を見た宗忠《むねただ》は、「執柄《しっぺい》殿下（関白）、かたじけなくも大宮右丞《うじょうの》相《しょう》（頼宗）の家に生まれ、早くも博陸総己《はくりくそうき》の任に昇る。誠にこれ一家の光華、万代の面目なり」と日記に書き残している（『中右記《ちゅうゆうき》』）。

ところで、この当時、すでに二十歳を越えていた堀河天皇は、白河院に対抗するかのように親政の動きを見せていた。康和《こうわ》四年（一一〇二）七月の伊勢神宮放火事件の際には、院の反対にも係わらず、天皇は相撲を停止したし、長治元年七月の石清水八幡宮強訴でも、院の決定に天皇は不満を示した。忠実が関白に就任したのは、親政をめざす天皇と院との緊張感が高まっていた最中であった。あるいは、院と天皇を仲介する役割を期待されたのかも知れない。

無力な関白

しかし、関白になったところで事態は一向に好転しなかった。嘉承《かじょう》元年（一一〇六）十一月には、「院辺の舞人」が皆ことごとく辞退したため、春日詣を延期せざるをえなかったし、翌年正月の大饗では義兄の内大臣源雅実までが、突然故障を称して欠席する有様であった。また、院が介入するようになってからというもの、興福寺やその末寺清水寺も長者の統制を逸脱しはじめた。嘉承元年二月に、興福寺上座定深《じょうしん》を清水寺別当に補任したところ、常住の別当を補任するように要求した清水寺の僧徒が蜂起し、興福寺僧と闘乱を生じた。九月末には興福寺悪僧が河内庄民と合戦を惹起したために、忠実は事態を重く見た白河院から事情を聴取される始末であった。

忠実は嘉承元年六月二十五日の『殿暦』に、一向に雨が降らない原因を「これ天下の政、非理の故か」としながら、「心に叶わず、力及ばず」として関白の政治的無力を慨嘆している。ただ、そうした中で常に彼を助けたのが、『中右記』の記主で忠実の従兄である宗忠であった。彼は嘉承元年四月、心労の余り重病を患った忠実が回復した際、「藤氏長者《とうしちょうじゃ》の器に堪《た》える人は、近日ただ殿下一人なり」と述べて、快癒を春日明神の冥助と記している。

第四　白河院政の確立

一　公実の競望

堀河の死去

嘉承二年（一一〇七）七月、政界はまたも憂色に包まれた。ようやく壮年を迎え、親政の動きを強めつつあった堀河天皇が重病に陥ったのである。忠実も、七月十日から天皇の御悩のため春日社に長日御祈を始めている。しかし、朝野を挙げての祈禱の甲斐もなく、天皇は七月十九日に二十八歳の若さで死去するに至った。

鳥羽天皇

この時、白河院は重祚《ちょうそ》の意思も示したが、すでに愛娘郁芳門院《いくほうもんいん》が死去した時に出家していたために断念、堀河の皇子でわずか五歳の宗仁《むねひと》親王を擁立することになる。鳥羽《とば》天皇である。母は、先述したように閑院流の実季の娘苡子で、白河の母茂子の姪であった。直系の子孫であれば白河の父権の影響力は継承できるし、しかも鳥羽の周辺は院の近親や近臣に囲繞《いじょう》されていたのである。本来の皇位継承者と目され、三十五歳の壮年を迎え

鳥羽院画像
（「天子摂関御影」宮内庁三の丸尚蔵館蔵）

ていた輔仁親王はまたしても皇位を逸したことになるが、白河が父院としての権力を行使できない弟の即位を回避したのも当然であった。

摂政就任の経緯

　さて、天皇の代替わりは摂関の交代でもあった。しかも今回は五歳の幼主であったため、摂政が必要となった。『殿暦《でんりゃく》』の記述によると、忠実は何事もなかったかのように白河院の命を受けて摂政として践祚《せんそ》の儀式を執行している。しかし、『中右記《ちゅうゆうき》』によると事態は全く異なっていた。すなわち、院は「およそ前後知り給わず。左右、仰せなし」という状態で長時間が経過し、ようやく民部卿源俊明《としあき》が参入して初めて摂政が補任されたというのである。実は、忠実の摂政就任に際して、院の判断を迷わせる容易ならざる強敵が存在していた。『愚管抄《ぐかんしょう》』によると、鳥羽天皇の外伯父で東宮大夫の任にあった権大納言藤原公実《きんざね》が摂政の地位を競望していたのである。

公実と閑院流

公実は、右大臣九条師輔《もろすけ》の十一男で兼家《かねいえ》の弟にあたる、太政大臣公季《きんすえ》を祖とする閑院《かんいん》流の出身であった。閑院流という名称は公季の居所閑院にちなむ。公実の叔母茂子は、道長の子能信《よしのぶ》の猶子となって後三条天皇に入内し白河天皇を生んでいる。そして、白河はその縁で公実の妹苡子を堀河に入内させ、鳥羽を生ませているのである。したがって、公実は白河の母方の従兄弟にあたり、閑院流は摂関家に代わる白河皇統の代々の外戚とも言える家柄であった。

『愚管抄』の記述

以下、最もありありと事件を描いている『愚管抄』に従って経緯を復元してみよう。公実の申し出を受けた白河院は、三重に垣根を設け、一人御座所に籠もって公実と忠実のいずれを補任するかについて迷っていた。公実の言い分はこうであった。「いまだ外祖父や外戚でない人が、天皇の践祚の際に摂政となった例はなく、摂政が任じられなかったのは大臣・大納言にそうした人がいなかった時だけです」というのである。

摂政の先例

たしかに摂政は、安和《あんな》の変直後の実頼《さねより》が冷泉天皇の母方の大伯父であったのを除いて、良房《よしふさ》以来、基経《もとつね》・忠平《ただひら》・兼家《かねいえ》・道長《みちなが》・頼通《よりみち》・師実《もろざね》と、一貫して天皇の外祖父、外伯・叔父である外戚が就任してきた。関白は、初代の基経以来太政大臣に付随する官職とされ、兼通《かねみち》・兼家《かねいえ》の抗争で漁夫の利を得た頼忠《よりただ》のように、非外戚の首席大臣が兼任することもあったが、摂政の場合は非外戚が就任した例はないのである。したがって、天皇の従兄弟に過ぎない非外戚の忠実の就任に疑問が呈されたのも当然で、公実からの強い要求に白河院は動揺した。

源俊明の考え

こうした白河の迷いを断ち切って、忠実に摂政を与えるきっかけを作ったのが権大納言源俊明であった。彼は白河の「サウ（左右）ナキ院別当」（『愚管抄』）、すなわち比べる者がない程信任厚い院庁《いんのちょう》の別当《べっとう》で、側近の公卿の一人である。俊明は周囲の制止を振り切って院のもとに参入し摂政の決定を催促したため、俊明の勢いに気押された白河院も結局忠実に決定したという。

別に俊明は院を説得したわけではないが、決断を迫ることで圧力を加え、院に常識的な判断を下させたのである。俊明をはじめとする当時の貴族の一般的な考え方によれば、摂政という官職は、摂関など思いも寄らなかった閑院流の祖公季をはじめ、摂関の地位から五代も隔たって、ただ並の貴族として代々過ごして来た者がつく官職ではありえなかった。また、公実は菅原道真のように「和漢ノ才」にも優れていたわけでもなく、忠実より人柄も政務の才も勝ってはいないとして、白河院が判断に迷ったことを遺憾としたのであった（『愚管抄』）。

先述の如く閑院流の祖藤原公季は右大臣師輔の十一男で、兼家の弟、道長の叔父にあたる。母が醍醐《だいご》天皇の皇女康子内親王であったことから順調に昇進を遂げ、治安《じあん》元年（一〇二一）には道長の辞任後空席だった太政大臣に昇っている。しかし、摂関の候補となることもなく、その子孫も代々中納言どまりで、白河の外戚実季《さねすえ》がようやく大納言に昇進したに過ぎず、大臣さえも出していないのである。

閑院流の繁栄

なお、摂政就任の千載一遇の好機を逸した公実は、失意のまま同年十一月十四日に五十五歳で死去している。しかし、のちに公実の娘璋子—待賢門院《たいけんもんいん》—は白河院の養女となってから数奇な運命をたどり、鳥羽天皇の中宮として崇徳・後白河の母となった。そし

系図2　閑院流系図

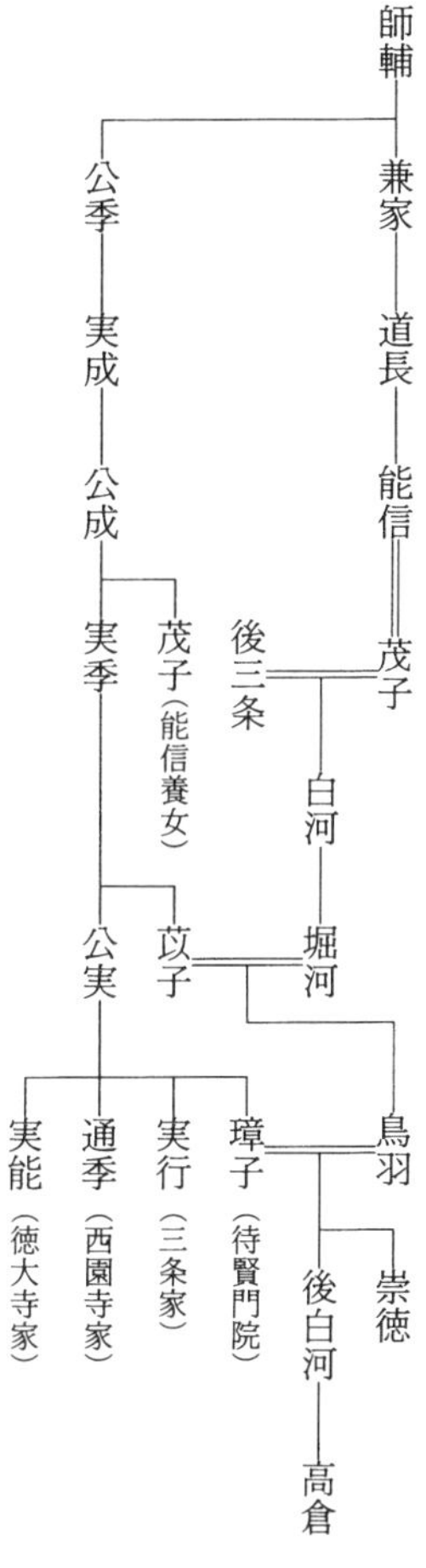

て、思いもかけず後白河の子孫が皇統を継承することになったために、公実の子孫である閑院流の三条《さんじょう》・西園寺《さいおんじ》・徳大寺《とくだいじ》の諸家は大臣家としての家格を確立し、平安末・鎌倉時代に大きく発展することになるのである。

二　摂関家の成立

かくして、忠実は俊明のお蔭で重大な危機を乗り越え、摂政の座に就くことができたのである。この出来事は、忠実個人はもとより、以後の摂関の歴史においても、極めて重大な意味をもつことになった。

外戚関係より家柄

まず注目されるのは、俊明の論理に見えるように、摂政は外戚とは関係なく代々摂関を継承してきた家の者、すなわち忠実の子孫が任命されるようになった点である。従来、摂関の地位は外戚の所在に左右され、場合によっては兄弟・伯父甥・従兄弟などの間で相承されることもあった。しかし、これ以後は、原則として忠実の子孫が父から子へと、直系相承してゆくことになったのである。政治的地位、財産などの直系相承を基本とする家族形態こそ「家」であり、忠実の子孫は摂関に昇る政治的地位を継承する家、すなわち厳密な意味での摂関家となったのである。

すでに第三で述べたように、当時の貴族社会は、摂関時代のような天皇の周囲をミウチ関係のある者が取り巻く構造から独自の家格を継承する貴族の家の集合体へと変化しつつあった。これ以後は、摂関家もミウチ関係から離脱し、王家をとりまく家の一つとなったのである。こうして、政治構造は一段と変化を遂げることになる。

摂政の変化

また、この結果、忠実の子孫は摂関継承を保証されることになり、政治的地位は安定したと言える。しかし、その反面で、外戚と不可分であったために存した、摂政の王権分有者という性格は薄れ、天皇の尊属としての権威を喪失し、単なる臣下に転落したのも事実である。こうして、外戚と分離された摂政と関白との区別もきわめて形式的なものとなるに至った。しかも、忠実は先の関白補任に続き、今度は院から摂政に補任されたことになり、人事権を通した院への従属は決定的となったのである。その意味で、摂関家が以前より政治的地位を低落させたことは否定できない。

源俊明の役割

もう一つ注目しておきたいことがある。それは、摂関の人事という重大問題が摂関家の当事者を差し置いて、院とその側近である権大納言俊明とのやりとりで事実上決定された点である。この俊明は醍醐源氏出身で、かつての安和の変で失脚した高明《たかあき》の子孫に当たる。高明の娘明子が道長の室になったことから、摂関時代の醍醐源氏は摂関家に近侍していたが、俊明の兄隆俊《たかとし》が後三条天皇の側近となって、有名な記録《きろく》荘園券契所《しょうえんけんけいじょ》の上卿《しょうけい》（長官）となるなど、摂関政治の衰退とともに一族は天皇家に接近していた。

側近公卿と院政

彼らは、摂関時代の一般的な公卿のように、天皇や摂関家とのミウチ関係によって公卿の地位を得ていたのではなく、優れた学識・政務能力によって公卿の地位を代々保持していたのである。それゆえに、政権の変化に敏感に対応して立場を変えることができたと言える。こうした醍醐源氏のような存在は、摂関時代から代々公卿の地位を保ってきた名門であるという点で、院政期に入って元来四〜五位程度の官位しかもたない諸《しょ》大夫《だいぶ》家から急速に台頭してきた院近臣と異なる存在であった。また、忠実の摂政補任問題でも明らかなように、俊明などの行動は摂関家とも協調的で、『愚管抄』も「アハレ俊明卿マデハイミジカリケル人哉」と述べて以後の院近臣と明確に区別している。そこで両者を区別するために、源俊明などを側近公卿と称することにしたい。

白河院政期の俊明は、先述のように「サウナキ院別当」とされ、また院の後見とまで称されていた。事実、彼は除目などの際には院と朝廷を取り次いでいるし、朝廷における院の代弁者といった役割も果たしている。そして、朝廷の政務を院に奏上した際には、院の政務決裁を補佐する役割を果たしていたが、この摂政の人事における行動はそのあらわれと言えよう。なお、こうした政務決裁の方法は、やがて院近臣の補佐を受けた院の独裁政治につながることにもなる。

三　白河院政下の忠実

白河院政の開始

五歳の鳥羽を擁立した白河院は、人事権を通して摂政をも従属させており、実質的に政治の実権を握ることになった。このように、嘉承二年の鳥羽即位を契機として、白河院政は本格的に成立したのである。しかし、本来の皇位継承者とされた輔仁親王には、姪を入侍させて皇子有仁《ありひと》を儲けた村上源氏の左大臣俊房《としふさ》をはじめ、心を寄せる者も多く、白河・鳥羽の王権に対し大きな脅威となっていた。政界はかなり不穏な空気に包まれていたのである。

さて、忠実は摂政となったものの、補任の経緯もあって権威も低く、一門の統制も困難であった。たとえば、嘉承三年（一一〇八）年二月二日の頼通忌日の際には、叔父の家《いえ》忠《ただ》・経実《つねざね》・能実《よしざね》を催したものの、彼らは参入せず、忠実は「不便の事也」と不満をもらした。二日後の春日祭でも、春日会に参入する諸大夫（四〜五位程度の官位をもつ中級貴族）十余人の中に、藤原氏の者が少なく「世間の体《てい》、奇怪也」と嘆かなければならなかった（以上『殿暦』）。逆に、同年の春日祭で忠通《ただみち》が祭使となった際には、院の命を受けた平正盛《たいらのまさもり》が随行しているし、翌年八月に忠実が摂政就任後初めて賀茂社に参詣した際には、「院の御恩により、かくのごとく人々多く来るなり」（『殿暦』）という状態であった。

そうした忠実が政務においても院に従属し、協調したのも当然と言える。白河院政が確立した最初の除目《じもく》は、嘉承三年の正月に行われたが、『殿暦』同年正月二十五日条に「能《よ》く行いたり」とする院の忠実に対する賛辞が見えるように、除目は忠実の手で執行されている。この除目で任命された受領《ずりょう》十五人のうち、七名が院に伺候《しこう》する者で、しかも源義親《よしちか》を追討した平正盛《まさもり》が、戦功とはいえ「最下品《さいげぼん》」（辛うじて五位に達する程度の侍身分）でありながら「第一国」の但馬守《たじまのかみ》に、また院近臣藤原顕隆《あきたか》の男顕頼《あきより》がわずか十四歳で出雲守《いずものかみ》に補任《ぶにん》されるなど、身分秩序を破った院の恣意が貫かれており、「すこぶるその理少なし。末代の作法の間、益なし」と保守的な宗忠を憤慨させる有様であった（『中右記』）。しかし、その除目を主催したのは、ほかならぬ忠実だったのである。

忠実は白河院に従属

一方、日常の政務についても、忠実は白河院に従属していた。すなわち、『中右記』

の天永二年(一一一一)四月十二日条によると、忠実は「近日、内覧の後、必ず院に奏する所なり」という状態であった。すなわち、当時の忠実は日常の政務も原則として院に奏《そう》上《じょう》し、最終決裁を仰ぐ立場にあったことになる。したがって、白河院は日常政務を摂政に委ね、最終的な決定権を掌握することによって政務を統括していたのである。

公卿議定の変化

このように、日常政務や除目を忠実に委ねていた白河であるが、要人の死去、強訴《ごうそ》などの緊急の重大事では、公卿議定《くぎょうぎじょう》、そして近臣による院に対する直接的な奏上で処理が行われていた。当時の公卿議定にはいつくかの種類があったが、摂関時代以来、重事は摂関主導の下、内裏で開催される陣定《じんのさだめ》で審議されていた。しかし、嘉承二年の白河院政確立以後、そうした重事は院御所で開催される院御所議定と称される会議で審議されるようになった。たとえば、嘉承三年三月に尊勝寺灌頂阿闍梨《かんじょうあじゃり》の交代を求めて延暦《えんりゃく》寺《じ》・園城寺《おんじょうじ》の悪僧が強訴した際、院は忠実・俊明・俊実などを院御所に呼び集めて議定を行っている。

院御所議定

院御所議定に招集されるのは、職事の公卿全員ではなく、「有職《ゆうしき》」と称される有能な公卿のみで、のちには藤原為房などの近臣、また鳥羽院政期には前官の散位の公卿なども加わることになる。そして、注目されることは、院御所議定の決裁は院に委ねられた点であり、陣定では天皇とともに政務を決裁する立場にあった摂関は、院御所議定ではもはや単なる出席者の一人に過ぎないのである。

源妧子の死去と対策

そうした立場を明示する事件が同じ年に起こっている。十月十一日に、村上源氏の左大臣俊房《としふさ》の姉で、師実《もろざね》の兄故藤原通房《みちふさ》の室であった源妧子が死去したため、間近に迫った大嘗祭《だいじょうさい》の役人の多くが服喪しなければならなくなった。この緊急事態に際して、まず忠実らの公卿会議があり、その結果が院に奏上された。これを受けた院は、漢文学者で側近公卿の大江匡房に諮問して最終決定を下し、宗忠の意見を可としたのであった。したがって、議定は院の判断のための参考意見を提出したに過ぎず、摂関の意見は他の出席者の意見と同列に扱われるものに過ぎなかったのである。

側近公卿から院近臣へ

以上のように、重大事は院が側近の公卿の補佐を受けて最終的に決定する政治体制となっていた。当時は、この大江匡房や先述した源俊明のように、摂関時代以来の名門の出身で、後三条天皇の時代から活躍してきた側近公卿による決裁の補佐が一般的であった。しかし、院が自由に動かすことができる院近臣たちが、しだいにこうした役割を担うようになってゆく。とくに、藤原為房《ためふさ》の男顕隆《あきたか》が、後述するように夜間の院御所で政務決裁に預かり、『今鏡《いまかがみ》』に「夜の関白」とまで称されたことは名高い。このように、重大事件に際して、摂関は最終的な政務決定から排除され、側近公卿や院近臣の補佐を受けた院の独裁が確立していたのである。

院と忠実の関係

ただし、こうした経緯から院と忠実を単純に対立的に理解するのは正しくない。院は忠実を何かと支援し、鳥羽に対する政治的な後見者の一人として処遇していたのである。院は嘉承三年五月に藤原家光《いえみつ》の五条町尻宅という院御所近隣の院近臣の邸宅を忠実に与えているし、天永《てんえい》二年（一一一一）には忠通の縁談について指図を行い、豪華な経営所料を近臣の藤原長実《ながざね》から献上させているのである。こうした一連の措置は、輔仁《すけひと》親王派との対立もあって忠実との関係を緊密に保とうとしたものであり、同時に忠実の従属を一層深める意味をも有したのである。

白河院の六十の賀

翌年の十一月二十五日、忠実は法勝寺《ほっしょうじ》で白河院の六十歳の賀を執り行った。彼は平等院宝蔵の屛風《びょうぶ》を取り出し、神事の最中であるにもかかわらず請僧を沙汰するなど、「家中のきわまりなき大事」として「万事をなげうち勤仕」している（『殿暦』）。院は自ら御衣《おんぞ》を忠実に与えているし、翌十二月に忠実の母全子が三位に叙されたのも、この行事と無関係ではあるまい。院に全力を尽くして奉仕する忠実の姿には当時の彼の立場が集約されていた。

太政大臣就任

ついで忠実は太政大臣に就任し、翌天永四年元旦の鳥羽天皇元服の加冠役《かかんやく》を勤仕した。当時、すでに太政大臣は名誉職となっており、多くの場合は政界の長老が補任されていたが、忠実のように天皇・皇太子の元服で加冠役を勤める摂関は、原則としてこの地位に就いていた。役目を終えた忠実も、四月には太政大臣を辞任している。

このように、白河院政初期は忠実の従属によって、院との協調は保たれていた。しかし、永久と元号が変わるこの年を境目として、しだいに両者には間隙《かんげき》も生じることになる。以下では、こうした政治の流れをひとまずおいて、忠実による摂関家再建の努力について一瞥《いちべつ》しておくことにしたい。

第五　摂関家再興の努力

一　荘園集積と政所

摂関家の窮状

摂関が政権の座から転落した結果、様々な影響を受けたが、とくに大きな問題は人事権を喪失したために、受領をはじめとする中・下級貴族や武士などの離反を招いたことである。すでに本文中にふれてきたように、儀式の費用調達が困難となったり、儀式出仕者が減少し威儀が整わないといった問題が発生している。それが院への従属を深める一因ともなっていたが、忠実は単に院の庇護にすがるだけでなく、摂関家再建のために独自の経済基盤の獲得や人材の確保に努めていた。ここではまず経済面での問題と、その対策にふれることにしたい。

受領家司の離反

経済的な打撃として、ただちに想起されるのは、受領家司《ずりょうけいし》の離反によって儀式の遂行が困難となったことである。摂関時代以来、代々の摂関が政権担当者として受領の奉仕を受けてきたことはいうまでもなく、家司として多数の有力受領が組織され、その経済力が家政運営に用いられたことは周知の通りである。ところが、第三で先述したように長治《ちょうじ》元年（一一〇四）十二月に阿波守源高実が辞退したために、翌年正月の臨時客の用途が欠乏したほか、同様の事態は永久《えいきゅう》四年（一一一六）にも発生している。また、忠実当時の摂関家の家政の実態を記した『執政所抄《しっせいしょしょう》』によると、本来家司受領が担当してきた三月節供、季御読経《きのみどきょう》などの費用が調進されず、儀式そのものが行われなくなっていたことが判明する。

忠実の荘園集積

すでに竹内理三氏が明らかにされたように、こうした事態に際して忠実は多数の荘園を集積することで、摂関家の経済基盤の建て直しを図ったのである。彼は、後述する保《ほう》安《あん》元年（一一二〇）の失脚に至るまで、白河院政の下で様々な方法を用いて摂関家領荘園の集積に奔走することになる。

荘園集積の方法は様々だが、もっとも目立つのが分割された摂関家領荘園の統合である。近衛家文書に残されている建長《けんちょう》五年（一二五三）十月の「近衛家所領目録」によると、四条宮寛子、高倉北政所を経て師実室の麗子、そして師実に三分割されていた頼通の荘園を、全て自分の手中に収めている。そのほか、嘉承《かじょう》元年（一一〇六）十二月には、頼通の養女嫄子と後朱雀天皇の間の皇女で、前年に没した祐子内親王の高倉一宮領の伝領を宣《せん》旨《じ》で認められている。ついで永久二年（一一一四）六月には、四月に死去した祖母源麗子の荘園を入手しており、おそらくこのころに彼女が伝領していた冷泉宮領、堀河中宮篤子内親王領をも入手したものと考えられる。

荘園の拡大

さらに、地方豪族と提携した荘園の拡大・新設も見られる。たとえば、頼通の時代に大宰府府官 平《たいらの》季基《すえもと》が開発・寄進した島津荘は、忠実の時代に大幅に拡大されやがて八千町歩に及ぶ大荘園となっている。また、同じ九州の東部に散在する宇佐《うさ》八幡宮領が摂関家領化したのも忠実の時代であった。そして、先にもふれたように藤原清衡《きよひら》と提携することで、奥州にも荘園を設置したのである。こうした奥羽・鎮西の荘園には、貿易の利益も伴っていた可能性も指摘されている。

『執政所抄』

このようななりふり構わぬ方策によって、忠実は曲がりなりにも経済基盤の再建に成功したと考えられる。忠実の時に摂関家の家政を記録する『執政所抄』が成立したことは、年中行事の所課が安定して供給される体制が確立したことを物語る。そして、同書によると家司の財力に依存する所課はわずかに過ぎず、所課の大半は下家司《しもけいし》の活動と荘園からの調進によるもので、摂関家の経済基盤が荘園中心に変容していたことが明らかとなる。また家司の所課《しょか》も、受領などとしての個人的財力よりも、摂関家領の預所《あずかりどころ》といった荘官としての財力に依存するものと考えられる。

『執政所抄』によると、多くの所課の調進のために政所下文《まんどころくだしぶみ》が発給されている。政所は早くから存在したが、その組織が拡充され、家司の下で実務を担当した六位程度の官人である下家司が活躍するようになったのは院政期であったと考えられる。これ以後、摂関家家政機関の中心として大きな役割を果たすようになるが、こうした政所の拡充と荘園の集積は不可分の関係にあったのである。

荘園をめぐる紛議

しかし、このような荘園集積は様々な問題も生じている。当時の白河院は、先述のように忠実を経済的な庇護下におくことで、摂関家を従属させる面もあった。したがって、院は必ずしも荘園の形成自体を否定していたわけではないが、摂関家における荘園の集積・拡大という傾向に対し、好意的ではなかったと考えられる。このため、荘園をめぐって院や院近臣との軋轢《あつれき》が相次ぐことになるのである。

源明国の配流

たとえば、天永《てんえい》二年（一一一一）十一月には、忠実の美濃の荘園に密用のために下向《げこう》した下野守源明国《あきくに》が、路次で殺人を犯しながら帰京し、死穢《しえ》を拡散したとして佐渡に配流されている。明国の行動が原因で多くの祭礼が中止・延期を余儀なくされており、彼が厳しく罰せられたのも当然であるが、断定の経緯に曖昧なところもあり、院の強い憤りが厳罰の背景にあったことは疑いない。荘園管理のための武力行使が紛争を生んだ形となったと言える。この明国は、第一でふれた多田源氏の頼綱《よりつな》の長男で、侍所別当《さむらいどころべっとう》などの家政機関職員としても忠実に奉仕していた。忠実は最も信任すべき、有力な武士を失ったのである。

白河院との軋轢

永久五年（一一一七）正月には、熊野参詣の路次にある忠実の荘園が所課を勤仕しないことについて院より諮問があった。翌元永元年八月には頭弁顕隆《あきたか》の訴えにより興福寺の荘園や封戸が問題となり、九月にも顕隆を通して興福寺・摂関家荘園についての尋問があった上に、興福寺の阿波国竹原牧について国司が院に訴える事件も起こった。翌年の六月にも、蔵人所御厨《みくりや》を興福寺に寄進することが院から禁じられている。

荘園に関する院との軋轢で最も有名な事件は、元永二年三月に上野国五千町歩の荘園を摂関家に寄進する動きを院が禁止したものである。その理由は、斎院禊祭の紅花料を調進する土地が含まれていること、そして一国内に五千町歩に及ぶ荘園の設定することが望ましくないことの二点であった。後者の理屈に従えば、三か国に跨《また》がるとは言え、島津荘などの巨大荘園も、当然大きな問題とならざるをえないだろう。

この翌年に忠実が失脚したことを考えれば、荘園集積問題は両者の関係に何らかの亀裂を生じさせる面があったと考えられる。なお、忠実の失脚後の大治《だいじ》二年（一一二七）に、忠実が集積した堀河の中宮篤子内親王領を継承した証菩提院領が白河院に没収される一幕もあった。忠実が再び荘園の集積を開始し、安定した摂関家領を確立するのは、彼が復権した鳥羽院政期のことである。

二　侍所と家人統制

侍所の整備

忠実の直面したもう一つの問題が、家人の減少であった。縷々《るる》述べてきたように、忠実の下で儀式出仕者が不足したり、また警護の武力を院に依存する傾向はしだいに顕著となっていた。そうした事態に対応すべく整備されたのが侍所である。

「侍所《さむらいどころ》」という名称から、多くの読者の方々は鎌倉幕府の御家人統制機関を想起されることであろう。しかし、実は侍所も政所と同様に、摂関家を始めとする公卿の家にも存在した家政機関なのである。侍所は史料上では十世紀に出現し、本来は家政上の雑務に当たる六位級の官人である侍が候い、饗宴を行う場所であった。なお、侍を武士と同義とするのはかなり後のことで、少なくとも鎌倉時代までは六位級の下級官人の呼称として用いられている。ちなみに、平正盛が台頭するまでの伊勢平氏は、侍程度の身分、すなわち「侍品《さむらいぼん》」であった。

摂関家の侍所は、すでに十世紀初頭の摂関藤原忠平の時代から見える。安和の変で失脚した左大臣源高明《たかあき》の有職故実書《ゆうそくこじつしょ》『西宮記《さいきゅうき》』によると、清涼殿の殿上の間が侍所と称されており、摂関の家においてもこれを模倣したものと考えられる。

一方、忠実の時代の侍所の実態を示す史料も残っている。『類聚雑要抄《るいじゅうざつようしょう》』という書物には、永久《えいきゅう》三年（一一一五）七月二十一日に忠実が三条第から東三条殿に移徙《いし》した際の、東三条殿における蔵人所《くろうどどころ》の指図《さしず》（図面）が見えるのである。

侍所と蔵人所

摂関家の蔵人所とは、侍所を改称したり、それから分置されるもので、侍所と共通する機関である。これによると、蔵人所には備品として台盤、日給簡《にきのふだ》、名簿《みょうぶ》唐櫃《からびつ》、着到などがあったことがわかるが、こうした備品は一般公卿家の侍所と共通していた。備品から検討すると、台盤が侍所の饗の場としての性格を示すのに対し、簡は殿上のそれと同様に出勤簿の役割を果たしているし、着到にも共通する性格が認められる。侍所には家人の出仕を監視する役割があったことになる。また主従関係締結の際に捧呈される名簿

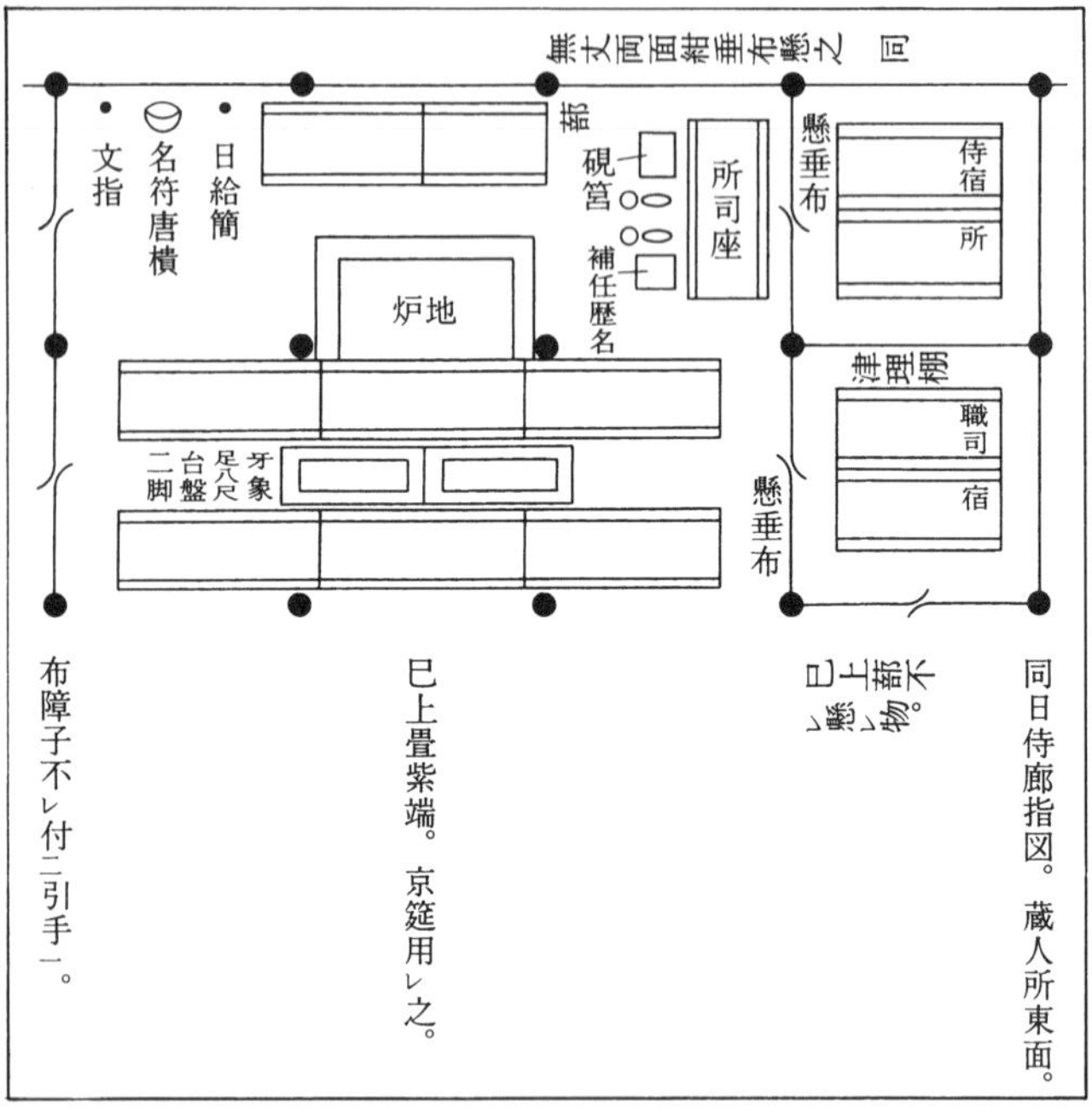

蔵人所の指図（『類聚雑要抄』）

摂関家の蔵人所（侍所）のあり方を具体的に示す貴重な史料。

を収めた櫃は、侍所が人事管理を担当していたことを意味するものである。

さらに『類聚雑要抄』の指図には、所司の座や侍・職司（事）の宿所が記されており、侍所（蔵人所）職員が宿直を勤仕していたことも判明する。なお、職事《しきじ》とは五位以上の貴族が補任され原則として侍所別当を勤仕する身分で、家政全般に携わり所課も勤仕していた。これに対し、所司は六位の侍の中から選任される存在であった。

侍始

侍所に関する記事は十一世紀後半から顕著になるが、嘉承《かじょう》二年（一一〇七）四月の忠通以降については、摂関家の嫡男が元服した際に、侍所を創設する儀式（侍始）の記録が残っている。その内容は、台盤による饗、簡の作成、家司、職事以下の家政機関職員の補任などで、彼らから提出された名簿は名簿唐櫃に収納され、簡には家司以下の名前が記されていた。また『朝野群載《ちょうやぐんさい》』という書物に、天仁《てんにん》三年（一一一〇）二月の摂関家の家司・蔵人所の着到という記録が残っており、政所も含むすべての家政機関職員は、着到によって出仕を監視されていたのである。

侍所による家人統制

これらから明らかなように、侍所は主に政所別当である家司を含む全家政機関職員の出仕・主従関係などを統括する機関であった。こうした家人統制《けにんとうせい》に関する機能が、鎌倉幕府の侍所に継承されていることは明白であろう。そして所司こそは、その名の通り侍所の司として機構に密着しており、簡の記入、儀式などにおける着到の記入、その前提となる出仕催促を行ったことが確認される。

忠実のころ、侍所に関する史料が多く現れるのは、史料の残り方などによる偶発的な面もあろうが、やはりこのころ侍所の機能が発展し、家人の統制が厳しくなったためと見るべきである。その背景には、儀式の出仕者の減少や家司以下の離反に対応し、家人を強固に統制・把握しようとしたことがあったと考えられる。経済面と同様、忠実は儀式などへの出仕者も院に依存せずに独自に確保しようとしていたことになる。

家政機関拡充の意味

さて、摂関家には政所・侍所という二大家政機関が存在していたが、忠実の時代にはこれらが拡充されており、一方の政所は荘園の、他方の侍所は主従関係の、それぞれ管理機関という性格を有していた。このことは、摂関家が荘園と主従関係を基軸とした中世的政治勢力、すなわち権門に脱皮していたことをも明示する。道長・頼通らの摂関政治全盛期ではなく、ほかならぬ忠実の時代にこそ家政機関が拡充された意味を、もっと重視してもよいのではないだろうか。

三　厩と私刑

厩における拘禁

侍所が以上のように家人統制の役割を果たす以上、これに違反する者への処罰も存在していた。それは厩《うまや》における拘禁である。厩とはむろん乗用の馬を係留・飼育する場であるが、院政期の摂関家においては拘禁刑の執行の場にも用いられていた。

貴族の日記を検討すると、すでに摂関時代においても、検非違使は追捕を行う際には容疑者の主君に許可を求めなければならない程、貴族の主従関係は強力であった。したがって、道長を始めとする有力貴族は、家人に拘禁などの独自の制裁を行っていたが、その主たる原因は闘乱などの暴力行為であり、拘禁に用いる場所も召次所・侍所の小屋・厩など様々で一定しなかった。

ところが、院政期に入った師実の時期になると拘禁の様相が変化する。たとえば寛治《かんじ》六年(一〇九二)二月、師実は奉幣使《ほうへいし》を辞退したとして、乗尻《のりじり》の安季《やすすえ》を厩に下したように、闘乱などの一般的な刑事事件に加えて、儀式への出仕の辞退といった、主命に対する違背も拘禁理由として目立つことになる。そして、拘禁の場所も厩が大半を占めるようになるのである。おおむね、このころに厩における拘禁が私刑の制度として確立されたと考えることができる。

忠実による処罰

そして忠実も、たびたび厩に家人を拘禁するが、彼が行った例として注目されるのは、『殿暦』長治《ちょうじ》二年（一一〇五）正月三日条に見えるものである。この時、忠実は、堀河天皇の行幸に用いる馬を送る役である馬副《うまぞえ》を辞退した侍二人を、厩の役人である厩舎人《うまやとねり》に引き渡して雪解けの水が滴《したた》り落ちる下に立たせた上で、厩に拘禁している。厩での拘禁がつねにこうした肉体的に苦痛を与え、屈辱的な性格を有したか否かは不明確だが、主命に違背した者に対する忠実の激しい怒り、厳しい処罰の姿勢が窺えるだろう。また、ここから厩舎人が罪人に対する刑罰の執行者としての性格を兼ね備えていたことも判明する。

家人の立場

このように拘禁刑が私的制裁として制度化された背景には、家人の側の立場の変化もあった。たとえば、侍とは六位級の官人であり、官司にも出勤する立場でもあった。したがって、官人である彼らが私的な主君の刑罰で監禁されたことは、摂関家家人としての立場が官人としてのそれを凌駕したことを意味する。すなわち、官職の形骸化と家政機関への依存が進行していたことになる。

また、四～五位の中級貴族である家司・職事たちの場合は、既に拘禁された事例はほとんどないが、多くの者は荘園の荘官に任じられて、摂関家の家産機構に組み込まれ、それを大きな経済基盤としていた。もはや摂関家の政治的地位と関係なく、摂関家との結合が不可欠となっていたと考えられる。すなわち、家産機構の拡充と主従関係の強化は不可分の関係にあったのである。

興福寺僧に対する処罰

忠実による私的制裁の対象として忘れてならないのは、興福寺以下氏寺の僧侶たちである。第三で先述したように、長者の権威の低下、院の介入などで僧徒の蜂起は激化していたが、これに対し忠実は厳しい姿勢で臨んでいる。

たとえば、第三でふれた清水寺・興福寺の騒擾では次のような処罰が行われた。まず、嘉承元年二月、興福寺上座定深が清水寺別当に就任した際に、同寺の僧が興福寺僧と闘乱を起こしたが、責任者として清水寺所司三人を勧学院《かんがくいん》に召籠め（軟禁）ている。勧学院は、藤原氏の大学別曹《べつそう》として名高いが、氏寺の管理機関としての性格も有しており、このために僧侶の処罰の場に用いられたのである。同年に河内で農民と合戦をした事件では、張本人十四人を大和から追却している。

処罰の限界

このように、長者に反抗する僧侶たちに対し忠実は厳しい処罰で臨んだ。しかし、彼の努力にもかかわらず、興福寺悪僧の蜂起は鎮圧されるどころか、益々激化してゆくことになる。その一因は、武装した悪僧・神人を統制する武力がなかったことにある。先述した源明国の配流もあって、忠実の家人に有力な武士が不足していた。天永《てんえい》三年（一一一二）二月、忠通が春日祭使として下向した際にも「参るべき武者なし」という有様で、候補となった院北面の武士平正盛に「憚《はばか》り」があったため、やはり院北面の源重時《しげとき》が起用されている（『殿暦』）。また、永久五年（一一一七）四月の賀茂詣の際には、忠実には同じ重時、忠通には藤原盛道《もりみち》という、いずれも院近習の検非違使《けびいし》が随行する状態であった。

しかし、悪僧蜂起が激化したより大きな原因は、興福寺に対する院の介入・圧迫が強化されたことにあったのである。それだけに、両者の板挟みとなる忠実にとって、事態は深刻なものとなっていった。そして天永四（永久元）年には、院と興福寺との間で武力衝突が発生するに至るのである。以下、興福寺の問題も含めて、失脚に至る数年間の苦悩と院との軋轢の原因を考えることにしたい。

第六　興福寺の蜂起

一　長者宣力及ばず――天永の大衆上洛

天永四年（一一一三）は鳥羽天皇の元服で華やかに明けた。加冠役を勤仕した忠実は、恒例の儀式に加えて正月十六日には任太政大臣の大饗《おおあえ》を東三条殿で開催し、賑々しい多忙な日々を過ごしていた。その彼が、元服加冠のために任じられた太政大臣を退任すべく上表《じょうひょう》を作成していたころ、興福寺に大きな騒動が持ち上がっていた。

清水寺別当の人事

閏《うるう》三月二十日、院宣で清水寺別当に就任した仏師円勢《えんせい》の解任を求めて、大衆数千人が勧学院に参入したのである。円勢は六勝寺《りくしょうじ》の造仏に活躍した白河院側近の僧であった。これは、かつて仏師定朝が清水寺別当となった先例に習った人事とされ、忠実も院の意向を受けて補任の長者宣を下している。しかし、定朝が清水寺で出家・得度したのに対し、円勢は延暦寺の僧であったために、清水寺の本寺である興福寺僧の憤激を招いたのである。白河院は、忠実が言いなりになるのをいいことに、強引に近習の僧を送り込んだのであり、院の人事介入が興福寺の強訴を惹起したことになる。

延暦寺の強訴

二十一日に忠実以下が院御所で議定し、結局円勢を解任して興福寺僧永縁《えいえん》を補任することで一件は落着したかに見えた。ところが、興福寺大衆が上洛の途中で延暦寺の末社祇園社や日吉神人宅を襲撃・掠奪したことから、延暦寺の大衆が蜂起、二十九日には清水寺を襲撃した上に院御所に殺到し、興福寺の権少僧都実覚《じっかく》の配流を要求するに至った。忠実は妻子を東三条殿に避難させ、自身は議定のために院御所に参入している。

延暦寺の悪僧はわずかな人数であったし、御所周辺は平正盛《まさもり》・源為義《ためよし》・同光国《みつくに》らの武士が防禦しており、彼らの武威は悪僧を恐れさせた。しかし、先にもふれたように強訴は合戦ではなく宗教的威力による恫喝《どうかつ》であったから、師通が急死した恐怖を想起した公卿たちは武力で排除することができず、院御所にまで到達した悪僧の叫喚《きょうかん》に縮み上がった。興福寺僧に対する理不尽な処罰の要求に忠実以下は舌を巻いたが、官位の下から発言するという議定の規則によって参議藤原為房が最初に処罰を認める発言をしたために、結局悪僧たちの要求を認めることになったのである。

興福寺大衆の激昂

この措置が興福寺を激昂させたのは当然で、悪僧たちは上洛し延暦寺と合戦を構えるに至った。院は大衆の慰撫《いぶ》を忠実に命ずるが、四月十六日に奈良から帰った使者の報告では、長者宣を聞きに集まった数千の大衆は、実覚の流罪と引き換えに大衆の申請する内容が承認されない限り上洛すると称し、一斉に雄叫びを挙げる有様であった。これを聞いた忠実は、「長者宣、力およば」ざることを痛感、その奏上を受けた白河院にも「術《すべ》なしの御気色《みけしき》」があったという（『殿暦』）。

忠実の衝撃

そして、二十四日には南都大衆の上洛が必至の情勢となったことから、白河院は武士を宇治に派遣して上洛を食い止めることを忠実に通告した。これ以後、彼はしばらく日記『殿暦』の筆を絶ってしまう。長者の無力、氏寺と院の衝突という出来事に、あまりに強い衝撃を受けたためである。一方の延暦寺も上洛し、興福寺と合戦する構えを見せていた。このため、朝廷を守るべき天台・法相両宗の全面衝突が必至の情勢となり、仏教はもちろん、仏教に守られていた王法—天皇の権威—も一度に崩壊するかのごとき危機感を貴族に与えることになったのである（『中右記』）。

悪僧と武士の衝突

ついに二十九日、上洛を目指した南都の悪僧は、宇治一之坂付近の栗駒山で、京から派遣された検非違使や平正盛以下の武士と衝突、多数の犠牲者を出して撃退されるという最悪の事態となった。坂本まで降りながら、衝突もなく引き上げた延暦寺とは対照的

『春日権現験記』の説

栗駒山合戦の様子
（『春日権現験記絵巻』宮内庁三の丸尚蔵館蔵）

偶発的に発生したとは言え双方に多数の死傷者が出た。左から攻撃するのが，俗兵士を交えた興福寺の軍勢。

であった。こうした場合、本来武士は防禦線を張ってあくまでも悪僧の通行を阻止するだけなのだが、対峙する両軍の間にあろうことか春日明神の使者とされる鹿が現れ、これを武士が射殺しようとしたことから、制止した悪僧との間で偶発的に衝突が発生したのである。藤原氏、とくに長者忠実にとって事態は余りに衝撃的で、鹿を出現させて衝突を招いた春日明神の意志はとうてい量りかねる恐るべきものであった。

　そればかりか『春日《かすが》権現《ごんげん》験記《げんき》絵巻』によると、激しく憤った白河院は興福寺追討を企てるに至ったが、院近臣藤原顕季《あきすえ》の諫止で思い止まったという。これが、どこまで事実を伝えるのかは不明だが、五月二日に院は宗忠を通して忠実に対し興福寺に関する秘事を伝えたとあり、院の興福寺に対する強い憤怒に接し、忠実は窮地に追い込まれたものと考えられる。さらに六月には興福寺僧経覚・隆観が院を呪詛したという噂が流れ、激怒した白河院は事の実否も問わずに両者を処罰した。忠実は院の強硬な措置を眼前にして、ただ長者の無力を嘆きながら従うばかりであった。

このように天永四年の一連の事件は、院と興福寺との間に未曽有の緊張を生じたが、院や院近臣と興福寺の激しい対立・抗争はさらに継続することになるのである。

二　興福寺問題の深刻化

天皇襲撃の噂

四月の興福寺上洛問題がようやく過去になりつつあった同年の十月、皇后宮における一通の落書から朝廷に大きな衝撃が走った。輔仁親王の護持僧《ごじそう》で左大臣俊房の男仁寛《にんかん》が、同じく俊房の男である醍醐寺座主勝覚《しょうかく》の童子千手丸を使嗾《しそう》して、鳥羽天皇暗殺を企てたというのである。この報を受けた白河院は、早速院御所に摂政忠実、権大納言藤原宗忠・源俊明、参議大蔵卿藤原為房を招集して事態を協議した。

輔仁親王の失脚

この結果、千手丸・仁寛は配流され、俊房と輔仁親王は自ら謹慎することになって事実上政治的生命を絶たれた。『愚管抄』に、白河院が親王一派の襲撃を恐れて鳥羽天皇の内裏に、源光信・同為義・藤原保清（康清）の三人の検非違使を宿直させたとあるのは、彼らが検非違使に就任した時期からみて、この事件のころと考えられる。

こうして、白河院は唯一の政敵をも葬り、文字通りの独裁を確立した。そして、このことは鳥羽の政治的補佐者としての忠実の比重を低下させたし、新たな対立者としての興福寺の存在を際立たせることにもなったのである。

興福寺は、翌永久二年（一一一四）二月にも不穏な動きをみせ、忠実は院の命で長者宣を下している。さらに三月末にも金峯山別当の問題で一部の悪僧が蜂起し、忠実はまたしても長者宣を下して追捕しなければならなかった。一方、院の興福寺に対する人事介入は依然として継続し、維摩会の講師人事にも及ぶことになった。

維摩会講師の人選

同年五月、この年の維摩会講師が決定された際、白河院は忠実が推挙した明暹《めいせん》・覚厳《かくげん》の二人を無視して、宗忠の男覚晴《かくせい》を推挙するように命じている。そして同年の維摩会直後には、院近臣藤原為房の要請を受けて、その男寛信《かんしん》を講師とするのである。『中右記』によると、寛信は東大寺僧であるが、いまだ維摩竪義《ゆいまりゆうぎ》を遂行していないなど、講師の資格に疑問があったという。南都顕教系僧侶の僧綱《そうごう》昇進を決めるという重要な意味をもつ維摩会講師の任命権は、本来は興福寺を管轄する氏長者が掌握していたはずであったが、もはやそれも白河院の意向によって左右されるに至ったのである。しかし、こうした強引な院の介入が興福寺僧侶の不満を醸成しないはずがなかった。

讃岐守顕能との紛争

永久四年五月、白河院第一の近臣藤原顕隆の男讃岐守顕能の命で興福寺の仕丁《しちょう》が暴行を受けたことに怒った大衆は、七月に顕能の流罪を訴えて強訴の動きを示したのである。顕能が乳母子にあたる鳥羽天皇は不快をあらわにし、それを院から伝えられた忠実は「およそ術なき」由を申し上げるしかなかった。しかし天皇の怒りは収まらず、大衆が上洛すれば射るべきであるとする強硬な意見をもらすに至った。

こうして忠実は「衆徒《しゅうと》の事、三宝・大明神の思《おぼ》し食《め》すこと量《はか》り難《がた》し。制止を加《くわ》うべき由《よし》の勅命、背《そむ》き難《がた》し」と進退きわまった。結局、八月十三日に長者宣を下し大衆の上洛を制止したが、大衆は京上・和平両派に二分し、京上派が宇治に参入する動きを見せたため、宇治にいた寛子が京に避難する一幕もあった。

維摩会での紛議

さらに、十月の維摩会では、父為房の死去のために一年遅れで講師を勤めようとした寛信に対し、資格に疑問がある上に興福寺に敵対する顕隆の弟であるとして大衆が激しく反発し、下向した寛信を追い返すにいたった。このため忠実は講師交代を要求するが、院が頑《かたくな》に拒んだため、忠実はまたしても窮地に追い込まれ「まことに藤氏術《すべ》なきのころか」と慨嘆する（以上の引用は『殿暦』）。結局、寛信は講師を遂行した僧を意味する已講《いこう》に准ずる地位を与えられ、講師は東大寺の覚厳《かくげん》が勤めることで一応落着を見た。

覚信の法務辞任

この一件で大衆は上洛せず、武力衝突は回避されたが、鳥羽天皇には深いわだかまりが残ることになり、翌永久五年五月には白河院の取りなしにもかかわらず、鳥羽の強い不快感によって、興福寺別当覚信《かくしん》が兼帯していた法務の辞任を余儀なくされたのである。そして、院近臣として台頭しつつあった顕隆と、忠実・興福寺との溝も深まることになる。後述するように、顕隆は興福寺に対する非難を白河院に奏上し、忠実・興福寺と院との関係を悪化させてゆくことになるのである。

三　宇治への憧憬

宇治への下向

このころの忠実の行動で注目されるのは、頻繁に宇治に下向しはじめたことである。宇治は摂関家にとって信仰の場であり、また保養の場でもあった。摂関を退いたあとの

宇治川・中島付近の景観

豊かで神秘的な川面と，山谷の調和した景観は摂関家の人々を魅了した。宇治橋より上流を望む。平等院は向って右側。

頼通も、そして師実も宇治に隠棲し、この地で逝去している。

現職の摂関である忠実は、長治元年（一一〇四）九月に十日余り滞在して遊興したことを除くと、それまで頼通・師実の忌日や三月三日に平等院で行われる一切経会以外に、宇治に赴くことはまれであった。ところが、興福寺問題が紛糾しはじめた永久二年（一一一四）には、かつて頼通が播磨守兼房に命じて造営した富家殿《ふけどの》を修理し、ついで頼通が建立し師実が御堂としながら焼失した池殿を再建するなど、宇治に対する関心を高め、翌年から再三同地に赴くことになるのである。こうした宇治との関係について検討してみることにしたい。

永久三年になると、忠実はほぼ一～二カ月に一度宇治に赴いており、五月には寛子の五十講結願に参仕して一門の藤原経実や源雅俊《まさとし》以下を呼び寄せている。八月二十七日には富家殿に赴き、九月二十一日には白河院の御幸を迎えるなどの行事を繰り広げ、十月五日に帰京するまで一ヵ月以上も滞在するのである。このような長期にわたる宇治滞在は、師実の危篤・死去の時期を別にすれば、初めてのことであった。

こうした傾向は翌年も同様であるが、五月に宇治離宮祭に赴いて平等院修理別当法橋成信の桟敷で流鏑馬《やぶさめ》・競馬を見物したことは、のちに発展する離宮祭と忠実との関係の端緒を知る上で注目される。また九月二日・四日には院近臣顕季が参入しており、父師通が邸宅を破却したとされる院近臣の中心人物と個人的な交流があったことがわかる。

つづく永久五年には再三方違のために宇治に赴くようになっており、宇治が日常的な生活圏の中に入ったことを物語っている。ただこの年の十一月に、宇治で忠実と行動を共にしていた法橋成信が死去したこともあってか、以後宇治への下向はやや減少する。しかし、元永《げんえい》二年（一一一九）には多宝塔、翌年には八角堂と、相次いで平等院に新たな堂舎を建築したように、宇治に対する関心は高かった。

宇治下向の原因

この時期、忠実が突如として宇治に深い関心を示した原因は何であったのだろうか。少なくとも、宇治にいる間は忠実は政務から離脱しており、法会・祭礼・塩湯・舟遊びなどに時間を費やしている。単純に考えれば、興福寺問題の激化や、鳥羽天皇・藤原顕隆一族などとの対立で追い詰められた心身の疲労回復を目的としたと見ることができるだろう。しかし、原因はそれだけではなさそうである。

忠実が権大納言のころから几帳面に付けてきた日記『殿暦』は、元永元年（一一一八）十二月末を以て断絶している。以後の逸文もなく、しかもこれより少し以前から嫡男忠通の日記『法性寺《ほっしょうじ》殿御記《どのぎょき》』の作成が確認されることから考えて、彼は自ら筆を絶って忠通に日記作成を譲ったと見るべきであろう。さらに、保安《ほうあん》元年（一一二〇）正月二日の臨時客に際し、摂関家の正邸である東三条殿と御倉町の券文を忠通に渡している。すなわち、摂関家の正邸とそれに付属する倉庫と収納された宝物が忠通に譲渡されたのである。

忠通の立場

忠通は、すでに永久三年に摂関たりうる資格をもつ内大臣に昇進し、元永二年には摂関家嫡男を象徴する左大将をも兼ねていた。そして、元永元年十月には、忠実の母全子の弟である権大納言藤原宗通《むねみち》の娘宗子と結婚もしている。宗通は幼少より白河院に養育され、「上皇、万事を仰せ合わさる。よって天下の権威、傍若無人なり」（『中右記』）とまで称された権力者であった。したがって、宗通は忠通にとって政治的に大きな後ろ楯となる人物と考えられたのである。

忠通に関白譲渡の気配

こうした点から判断すると、忠実は忠通に摂関の譲渡を考え始めていたものと思われる。宇治への関心の深まりやその整備は、まさに父祖と同様に大殿として宇治において生活することを想定したものではなかったか。おそらく、興福寺問題などで摂関家が窮地に追い込まれた責任を考えたこと、また自由な立場に立って荘園の集積をより活発化させることなどが忠実の念頭にあったと考えられる。

しかし、事態は急激に悪化し、忠実は自らの意志と関係なく関白の辞任と宇治での長い隠棲を余儀なくされたのである。つぎに、彼が突然関白を解任されるという、衝撃的な事件に直面するに至った原因について検討することにしたい。

第七　関白の罷免

一　破局の到来

忠実の失脚

忠実の失脚は保安《ほうあん》元年（一一二〇）十一月に突然訪れた。九日、院の使者治部卿源能俊《よしとし》から忠実に勲子入内を禁ずる院の意向が伝えられた。そして十二日、鳥羽から三条殿に入った白河院は、左大臣源俊房《としふさ》を上卿として忠実の内覧《ないらん》を停止することを命じたのである。これを聞いた忠実は、驚いて駆けつけた宗忠に「運が尽きたのだ」と漏らすのみであった（『中右記《ちゅうゆうき》』）。その宗忠《むねただ》さえも、十二日以後は忠実との関連を疑われるのではないかと、自身の保身に汲々とする有様であった。それほど、白河院の憤りは激しかったのである。

失脚の原因

『愚管抄《ぐかんしょう》』によると、忠実が内覧停止に追い込まれた直接の原因は、娘勲子の鳥羽天皇への入内問題であった。すなわち、白河院の熊野参詣中に鳥羽天皇から入内の勧誘を受けた忠実は、院に無断で交渉に応じてしまい、それを讒訴《ざんそ》する者があったために院の激しい怒りを買ったというのである。

勲子の入内問題

忠実失脚の直接的な契機となった勲子の入内問題について、ふれておくことにしたい。勲子の入内は、すでに永久《えいきゅう》元年（一一一三）にいったん具体化しており、七月に忠実は入内の成功を春日《かすが》・八幡《はちまん》・賀茂《かも》の諸社に祈っている。この時、白河院は入内を急がせたが、忠実は思うところがあって入内を遅延させたという。遅延させた原因について『愚管抄』は鳥羽天皇の乱暴な性格のためとするが、真の理由は同時に進行していた忠通と院の養女璋子との縁談にこそあったと考えられる。

忠通には、すでに天永二年（一一一一）に縁談があり、院近臣藤原長実《ながざね》が豪華な経営所料を献じたりしたが立ち消えとなり、ついで三年後の永久二年八月ごろ、今度は院が積極的に縁談を進めたがやはり消滅している。永久五年（一一一七）九月に璋子が入内する噂を聞いた忠実は、元来璋子は忠通との縁談があったが延期になり、実現しなかったと述懐している（『殿暦』）。この璋子と忠通との縁談は、年齢や院の積極的な態度から見て永久二年のものに相違なく、白河院は忠通と璋子の縁談と勲子の入内を同時に実現しようとしたことになる。しかし、養父白河との密通の噂など、璋子にまつわる様々な醜聞を嫌った忠実は、忠通との縁談を拒否し勲子の入内も見送ったのである。

璋子の立后

おそらく、忠実は璋子がいずれかに片づくのを待って入内工作を再開するつもりだったのだろう。ところが予想に反して璋子は鳥羽に入内し、元永《げんえい》元年（一一一八）正月には中宮に冊立《さくりつ》されてしまった。このことはすなわち、勲子の入内・立后が、きわめて難しい状況に陥ったことを意味する。これには璋子の縁談を忌避した忠実に対する白河の意趣返しという面もあったと言えよう。入内の噂を聞いた忠実が、日記で璋子の不品行を書き立てるのも、予想外の事態に強い衝撃を受けたために他ならない。

忠実の焦慮

待賢門院（璋子）画像（法金剛院蔵）

その年の八月、忠実は勲子の入内を大中臣親仲《ちかなか》に祈らせている。勲子の入内こそ摂関家の外戚関係再興の切り札であったし、身分から考えて摂関家の嫡女の配偶者は天皇しかあり得ず、入内こそは彼女の幸せの実現でもあった。鳥羽天皇から入内の誘いがあったころ、忠実は入内の行き詰まりと白河院の憤りに焦慮する状態だったのである。ここに、忠実が鳥羽からの誘引に白河を介さず軽率に応じた背景があった。

保安元年の閉門以後、忠実は白河院が死去するまで政界に復帰することはできなかった。十年以上に及ぶ謹慎を、彼自身想像もしていなかったのではないだろうか。そればかりか、白河院死去の直前まで上洛さえも許可されておらず、ほとんど配流と称してもよい状態であった。こうした白河院の凄まじい憤怒の背景を検討する必要があるだろう。

后妃の決定は院の権限

まず、天皇の后妃の決定は、すでに記したように、王家の家長である院の権限となっていた。それを無視したことは、王権の中枢的な権限に対する侵害でもあった。ここに院が激しく憤った直接の原因が存したと考えられる。また勲子が入内すれば、鳥羽の中宮となったあとも、依然として院が深く寵愛していた璋子の立場を不利にする恐れもあった。このことも院の憤慨を招いた一因であろう。

一方、自身の頭越しに鳥羽天皇が入内工作を行ったことも、白河には不快なことであったに相違ない。すでに成人していた鳥羽は、永久四年十二月に除目《じもく》をめぐり白河と対立するなど、自立の動きを示しており、かつての堀河と同様、院と親政をめざす天皇との亀裂が生じつつあった。自ら后を選定しようとする鳥羽の動きは、その延長線上にあったと言える。

成人天皇は退位が原則

結局、院と天皇の対立は、保安四年（一一二三）に鳥羽が当時五歳の崇徳《すとく》に譲位することで解決を見る。父院として天皇を選定する権力、言い換えれば天皇に対する究極的な人事権をもつ院は、成人天皇を幼帝に強制的に譲位させることで政治主導権を確保したのである。永治《えいじ》元年（一一四一）には、鳥羽院が崇徳天皇に弟体仁親王への譲位を強要したように、成人天皇が幼主に譲位することが院政期の慣例となる。院と天皇との対立を回避する方策を確立し、院政は政治体制としてより成熟したのである。

二　顕隆との対立

勲子入内問題という直接的な原因以外にも、院と忠実との関係を悪化させた要因はいくつかあったものと想定される。たとえば、第五でもふれた、摂関家領荘園の集積をめぐる軋轢もその一つと考えられる。罷免二年前の元永元年（一一一八）八・九月には興福寺・摂関家領について院の諮問があったし、翌元永二年三月には忠実が上野国に構立しようとした五千町歩の荘園が制止され、六月には蔵人所御厨を興福寺に寄進する者について忠実に調べさせるなど、事件が相次いでいる。

顕隆と興福寺

このうち、元永元年八月に院が興福寺の荘園・封について諮問した背景には、頭弁藤原顕隆からの訴えがあった。これを聞いた忠実は「およそ御寺のこと、くだんの人、あしさま（悪し様）に奏すの由か。氏人、かくのごとく訴え申すの条、もっとも不便なり」と、藤原氏の氏人でありながら興福寺を非難する顕隆に対する憤りを『殿暦』に残している。第六でもふれたように、永久四年（一一一六）に子息讃岐守顕能と興福寺が激しく対立して以来、顕隆も興福寺に鋭く反発し、白河院に対し興福寺や氏長者忠実の非難を繰り返していたのである。

顕隆の立場

当時、この顕隆は右大弁兼蔵人頭《うだいべんけんくろうどのとう》という重職にあり、父為房のあとを受けて実務官僚系院近臣の第一人者として活躍し、院の政務決裁の補佐など、政務の中枢に関与していた。とくに、院と関白・太政官との取り次ぎは事実上顕隆の独壇場であった。したがって、顕隆と忠実の対立の背景には、興福寺をめぐる問題もさることながら、形式的に関白・氏長者として政界に君臨する忠実と、院の信任を得て事実上政務を左右する顕隆との政治的立場の軋轢も関係していたと考えられる。

顕隆は子息顕頼の室として、忠実の長年の家司源雅職《まさもと》の娘を迎えていたが、雅職は元永元年閏九月に顕隆とともに忠実の悪口を院に奏して忠実から追放される有様で、両者の対立は周辺も巻き込んでしだいに深刻化していた。顕隆が院への取り次ぎをほぼ独占していたことを考えれば、彼が忠実の鳥羽天皇への入内工作を讒言した可能性は極めて高いのである。また保安元年七月、忠通の岳父で、院と密接な関係にあった民部卿宗通《むねみち》が死去したことも、白河と忠実の仲介者を消滅させるとともに、顕隆の立場を強めたことは疑いない。

忠通関白補任の真相

忠実は閉門から二ヵ月後の翌保安二年正月十七日にいったん内覧《ないらん》に復帰、二十二日に嫡男忠通に関白を譲渡したのち、宇治における長い謹慎生活に入った。こうして忠実の摂関としての活躍は終止符を打つのである。

なお、この経緯について『愚管抄《ぐかんしょう》』は、後任となった忠通が、父の譲渡という体裁

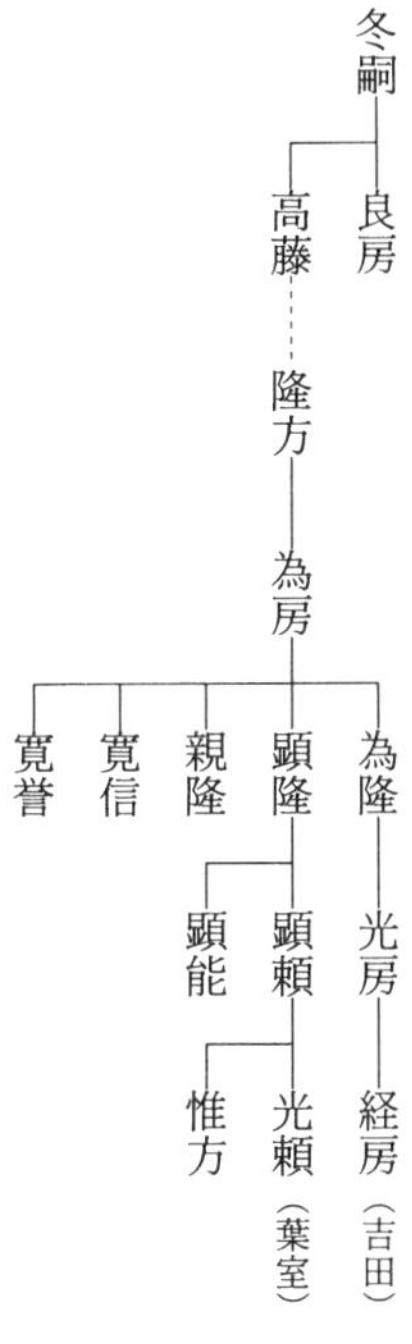

系図3　勧修寺流系図

をとろうとしたためとする。もっとも、同書によると忠通が後任となったのも、白河院と顕隆の相談に基づく決定の結果であった。忠実の後任について、白河院が忠実の叔父である右大将家忠《いえただ》の可否を顕隆に打診したところ、顕隆はその軽率な行動を非難して反対の意志を示した。このため、白河院はしぶしぶ忠実の長男忠通を関白に補任したという。摂関人事という国政上の最重要事に対する顕隆の強い影響力が明白である。

顕隆が『今鏡』に「夜の関白」と称されたことは前述したが、これはまさに忠実失脚以後の彼を示す言葉と考えられる。大治四年（一一二九）正月に白河院に先立って亡くなった際、宗忠に「天下の政《まつりごと》、この一人の言にあり」（『中右記』）と評されたことは、顕隆の権勢を物語るものである。

三　籠居の日々

保安二年（一一二一）に始まった宇治における忠実の籠居は、いつ果てるともなく続いた。籠居の間、彼には公私両面においてほとんど見るべき活動もなく、巻末の年譜のように彼の事蹟は空白となってしまうのである。『中外抄《ちゅうがいしょう》』上巻六十七条には、保安四年七月、祇園社に籠もった悪僧を武士が追捕した際、炎魔法王が比叡山に登った夢を見たが、籠居中のために白河院に報告しなかったという談話がある。京の情報に接することはあるが、院への上奏も憚られる立場にあったことがわかる。

籠居中の和歌

また『今鏡』に「歌はさまでも聞えさせ給はざりし」忠実が、「宇治にこもり居させ給へりしとき」に詠んだ和歌として

佐保川の流れたえせぬ身なれども　うき瀬にあひて沈みぬるかな

の一首を掲載している。これは藤原氏嫡流を継承しながら、籠居の憂き目にあった身の不運を率直に詠んだもので、『新古今和歌集』にも収録されている。ただ、どの時点で詠まれたものかは明らかではない。このほかに、当時の忠実を伝える史料は見当たらず、特記すべきこともなく、思い出すことも忌まわしい毎日だったのであろう。

頼長を忠通の養子に

そうした中で唯一の動きは、天治《てんじ》二年（一一二五）四月二十三日に、当時六歳であった菖《あ》蒲《や》若《わか》、のちの頼長を忠通の養子としたことであった。これについては、『中右記』の目録に「大殿の若君、摂政殿の御子となし給う」という簡単な記事があるに過ぎず、養子縁組が行われた背景などは不明確である。橋本義彦氏は、当時すでに二十九歳を迎えていた忠通に後継者となる男子がなかったために、摂関家の世代断絶を危惧して後継者を

決定したものと推測された。また、籠居直前の保安元年（一一二〇）に生まれ、宇治で籠居する自身の手元で成長した頼長に対する愛着や、幼いころから見せた利発さなども、忠通との養子縁組と決して無関係ではあるまい。橋本氏によれば、その後も頼長は宇治で成長したと考えられている（『藤原頼長』）。

忠実が籠居して以来初めて上洛したのは、大治《だいじ》二年（一一二七）八月二日のことであった。忠実の古くからの家司平知信《とものぶ》は、院に召され「御気色宜《みけしきよろ》しき」ことを富家殿《ふけどの》の忠実に伝えたという（『知信記』）。この記事から、忠実が籠居に用いていた邸宅が、以前から宇治における主たる邸宅として利用してきた富家殿であることが判明する。それはともかく、これを謹慎の解除と判断した忠実は、恐悦の余り上洛して鴨院《かもいん》に入った。実に八年ぶりの京であった。知らせを受けた宗忠は、よろこび勇んで鴨院に赴いたが、予想に反して話は不確実なものとわかり、「不審千万」と『中右記』に書きつけている。このため忠実は空しく宇治に帰ることになった。

その直後の八月十四日、四条宮寛子が宇治で九十二年の長い生涯を終え、その三ヵ月後には忠通の男が僅か半年余りの生涯を終えている。その母は不明だが、幼い男子の死去によって、養子頼長は忠通の後継者という立場をより強めたことであろう。

翌大治三年、忠実は氏長者の象徴ともいうべき平等院や、京における主要な邸宅鴨院の券文を忠通に譲渡している。あたかも、長年続く籠居によって政界への復帰を断念し、保持してきた摂関家の中心的な権限を忠通に譲ったかのごとき観がある。しかし、その翌年の大治四年、事態は大きく変動することになる。

三院との対面

まず、正月には忠通の長女聖子が崇徳天皇に入内した。立后は翌年であるが、摂関家からの入内は、師実の養女賢子以来、約六十年ぶりのことであった。白河と摂関家の雪解けの兆しと言えよう。ついで二月には忠実がいったん入洛、ついで四月十九日には頼長を伴って再度入洛し、頼長は摂政忠通の養子として白河・鳥羽・待賢門院の三院に見参しているが、これは頼長を忠通の後継者とする儀式であったと考えられる。

二十一日になって忠実に呼び出された宗忠は、忠実の宿所鴨院に駆けつけ対面している。忠実は院の仰せで見参が実現したことに、「心中感悦《しんちゅうかんえつ》」している旨を述べ、二十二日に頼長を残して宇治に帰ることを伝えている(『中右記』)。しかし、『長秋記《ちょうしゅうき》』によると、この対面を実現させたのは白河院ではなく待賢門院《たいけんもんいん》であったらしく、白河院は頼長の参入に「すこぶる請けず」という態度をとり、忠実の動きには依然として不快を示したという。白河の怨念の深さが窺われるが、後宮問題という王権の中枢に対する侵害に、独裁者特有の強い拒否反応を示したのであろう。

しかし、まさに晴天の霹靂《へきれき》のように、ことは起こった。同年の七月七日、霍乱《かくらん》によって白河院が死去したのである。

第八　政界復帰

一　白河院の死去

独裁者の死は、政治を大きく変動させる。白河院の死去もまた、政界を激しく揺さぶることになる。時に七十七歳、年齢から見れば天寿を全うしたと言えるが『中右記《ちゅうゆうき》』によると、院は直前まで政務を担当しており、まさに急死であった。白河の急死を受けて、ただちに鳥羽院政が開始されることになった。新院鳥羽が院政を行うことを、貴族たちも当然のことと受け止めており、もはや院政は政務の形態としてすっかり定着していたのである。

鳥羽院、白河院に反発す

かつて白河院によって退位を強制された上に、祖父白河院から押しつけられた中宮璋子―待賢門院―と白河の密通の噂が流れるという屈辱を受けただけに、鳥羽は白河の政策に反発を示してその路線修正を開始した。白河が晩年に厳命した殺生禁断令を撤廃したのをはじめ、翌年にかけて藤原顕盛など一部白河院近臣を斥ける一方で、永久の千手丸事件以来停滞していた村上源氏俊房流の官位を上昇させていった。こうして、ようやく忠実にも復権への道が開けることになったのである。

鳥羽院にしてみれば、自ら持ちかけた入内工作が原因で失脚を余儀なくされただけに、忠実の復権を急ぐ気持ちは強かったであろう。しかし、忠実は白河院が激しく憎んだ人物であり、白河院近臣が依然として大きな勢力を有する以上、忠実の復権は容易ではなかった。復権に向かう動きは思いも掛けない形で始まることになる。

「源義親」の登場

白河院の死去から二ヵ月余りを経た九月以降、源義親《よしちか》を自称する武士が入京した。この義親は河内源氏の義家《よしいえ》の嫡男で、第四でふれたように鎮西における乱行で隠岐に流されたが、嘉承《かじょう》二年（一一〇七）に出雲で目代《もくだい》を殺害したために、翌年正月に白河院の命を受けた平正盛に追討されたことになっていた。しかし、彼の討伐については疑問をもつ者も多く、たびたび各地に自称義親が出現し、白河院を怒らせていた。そして今度は、京に「義親」が登場したのである。白河院政が実質的に開始された直後に、北面の中心平正盛に追討されたはずの義親を名乗る武士が出現したことは、まさに白河批判を象徴する事件であった。

忠実「義親」を匿う

そして鳥羽院は、そのいわくつきの自称「義親」を、こともあろうに忠実の宇治の別荘富家殿に匿《かくま》わせたのである。これが鳥羽の白河に対する痛烈な批判であり、同時に忠実との関係修正の方針を天下に明示したことは論をまたないだろう。十月に富家殿が焼失したため、「義親」は京の忠実の邸宅である鴨院の南町の雑舎に匿われることになり、京に居住するに至ったのである。

ところが、翌年には北陸より別の自称「義親」が上洛したため、鴨院にいた「義親」がこれを捕らえる一幕もあった。また、「義親」の真偽を確かめるために、かつての義親の妻たちや家人が対面しているが、おおむね偽物を称している。本物説を唱えたのは主君だった「故民部卿」（藤原宗通か）の後家などに過ぎず、偽物説が有力であった。ここで注意されるのは、忠実自身が真偽を確認していないことで、おそらくは義親の面貌を知らなかったのであろう。第一で述べたように、忠実は河内源氏の中では義綱《よしつな》と親しく、義家・義親の系統との関係が希薄であったと考えられる。

「義親」の殺害

さて、鴨院の「義親」は、大治五年十一月十三日に突如襲撃した騎兵二十人、歩兵四～五十人の軍勢によって邸内で暗殺されてしまった。一時、かつての義親追討の立役者平正盛の嫡男忠盛にも殺害の嫌疑がかかるが、やがて犯人は美濃源氏の光信《みつのぶ》と断定され、配流されるに至った。その邸宅の門前で、自称「義親」が相互に合戦したことに対する報復であったとされる。しかし、光信にはより深い動機が存在していた。

源光信の立場

彼は白河院の命で輔仁親王派の襲撃から鳥羽天皇を警護したように、白河院に近い武士であったし、大治四年十一月に南都で仏師長円《ちょうえん》襲撃事件が発生した際には、真先に興福寺に至って寺内を捜検するなど、摂関家に反発する姿勢を見せている。光信が属する美濃源氏は頼光の子孫であるが、頼綱《よりつな》・明国《あきくに》などの摂津源氏嫡流と異なって代々院の北面《ほくめん》に伺候《しこう》しており、父光国も出羽守在任中に摂関家領の同国寒河江荘《さがえのしょう》を侵略している。また美濃においては代々、河内源氏とも激しく対立してきた。こうした反摂関家・河内源氏的な一族の歴史が、「義親」襲撃の背景にあったことは疑いないだろう。

忠実の憤怒

いずれにせよ、鳥羽院から預かっていた「義親」を殺された忠実は、憤怒のあまり籠居する有様であった。事件は「義親」の暗殺ばかりではない。前年に富家殿を失ったのに続いて、この年の正月には鴨院も放火で焼失し、さらに転居した近衛富小路殿も二月に放火にあっている。宗忠は、原因は「武士」にあるとしているが、真相は不明確であった。光信による「義親」殺害事件も含めて、忠実の復帰に反感をもつ動きが、白河院の北面の武士や院近臣などに深く広まっていたことは事実である。このため、鳥羽院は慎重に時期を見計らって忠実の政界復帰を待つことになる。

二 鳥羽院との協調

忠実の復権

白河死去の翌大治五年二月には忠通の娘聖子が崇徳の中宮となり、四月にはその母宗子が従二位に、祖母で忠実の室師子が従一位に叙されている。摂関家一門、そして忠実復権の基礎は着々と築かれていた。そして白河院の三周忌を経た天承《てんしょう》元年（一一三一）、ようやく忠実自身の公的な復権に向けて鳥羽院は動き始めた。十一月十七日、忠実を院御所に招いた鳥羽は、保安二年（一一二一）の籠居以来、十二年ぶりの対面を遂げたのである。この時は、密儀のため忠実は直衣を着したとあり、いまだ公然とした政治活動は行えない状態であった。ついで二十一日、忠実は勅により随身《ずいじん》・兵仗《ひょうじょう》として、左右の近衛府《ふ》生《しょう》・番長《つがいのおさ》各一人、近衛各三人を賜り、二十五日にはその慶賀を鳥羽院に奏して馬を賜っている。こうして忠実の公的な復権への準備は次第に進行していった。

院の拝礼

そして、翌年の正月三日の院における拝礼が、忠実の公的な儀式への復帰の日となった。当日、忠実は次男の中将頼長に下襲《したがさね》の尻を持たせて入場し、輔仁親王の子息左大臣源有仁が微笑みながら軽く会釈したのを除いて、内大臣の宗忠を始めとする諸卿から忠実は深い拝礼を受けている。さらに、足の病を理由に諸卿の拝礼が開始される前に拝礼を済ませ、忠通に介助させて早々に退出したのである。慈円《じえん》は、拝礼に出仕したのは、忠実がかねがね、わが子関白忠通の上座に就きたいと考えていたためであるとし、当日の行動から忠実を、自己の権威を示そうとする「執《しつ》フカキ人」と評している（『愚管抄《ぐかんしょう》』）。

もっとも、のちに忠実と激しい確執を演じた忠通の子息慈円の評言は、若干割り引く必要もあるだろう。逆に忠実派の宗忠は「大殿（忠実）舞踏の間、関白（忠通）進み寄りて扶持《ふち》せしめたまう。万人、属目す。あるいは感涙の人あり。いまだ我が身太政大臣として子の太政大臣に扶けらるを見ず。今日の勝事、ただこのことにあり」（『中右記』）と賛嘆を隠していない。君臣魚水、あるいは君臣合体と評されるように、院と摂関の提携こそが理想の政務と考えられていた当時、不本意な形で失脚を余儀なくされた前摂関の復権こそ、一部の院近臣などを除く多くの公卿たちにとって望ましいことだったのである。

内覧復帰

同月の十四日には「内覧、元のごとし」として、十二年ぶりに内覧に復帰することになる。関白・内覧の並立は前代未聞のことで、内覧の地位は摂関に劣るものの、実質的には同等の権限を有しているし、しかも現関白に対し父権を行使できる忠実が、摂関家の第一人者となったことはいうまでもない。当然、忠通との関係には微妙なものがあり、後述する勲子（泰子）の立后に忠通が難色を示す場面もあったが、基本的に忠実は主要な政務を忠通に委ねていたごとくで、忠実はそれに介入することなく、もっぱら祭礼や儀礼的な場、さらに鳥羽院との私的な交際を中心に活動していた。したがって、両者の並立がただちに政治的な軋轢の原因となったとは考え難い。

忠実と鳥羽院との関係は、まさに蜜月とも言えるものであった。忠実の失脚以来中断していた摂関の賀茂詣が四月に再開されると、忠実は院とともに忠通の行列を見物しているし、同月の賀茂祭では院の命令で斎王《さいおう》の車後に候じて人々を驚かせている。九月には鳥羽院を平等院に迎え経蔵の宝物をご覧に入れたが、第九で詳述するように以後も再三鳥羽院は宇治に御幸することになる。翌年正月の朝覲行幸《ちょうきんぎょうこう》では、院御所において箏を演奏しているのである。こうした忠実と院との関係の極めつけともいうべき事件が、長承二年（一一三三）六月の勲子の鳥羽院への入侍であった。

勲子の入侍と立后

この婚礼は、鳥羽院自身が土御門東洞院邸の勲子のもとを訪れて行われている。通常の入内では、摂関家の女性が天皇の御所に入る形をとるが、今回は逆に院自ら女性のもとを訪ねるという異例の形態であった。しかも、翌年三月には前例のない院の妃の立后が行われているのである。立后自体は忠実の強い希望に院が従ったものであるが、こうした異例づくめの婚礼が容認された背景には、自身の軽率な行動から婚姻を延期させ、忠実に多大の苦難をなめさせたことに対する鳥羽院の負い目、償いの意識があったと考えられる。

同時に婚姻・立后には、入内を禁じた白河院に対する批判、忠実との提携を天下に周知せしめる政治的意図、さらに摂関家の嫡女を迎えることで、入内以来白河院を後ろ楯として後宮を事実上差配してきた待賢門院璋子を抑圧しようとする目的もあった。

勲子は立后に際して泰子と改名した。彼女はすでに三十九歳を迎えており、当時の常識でいえば適齢期をはるかに過ぎていた。かつて適齢期に入内が流れて婚期を逸した娘の結婚に、忠実は父親としての深い感慨を覚えたことであろう。彼女は、政争—言い換えれば忠実自身の政治的敗北の犠牲以外の何者でもなかったのである。

高陽院の役割

泰子は保延《ほうえん》五年（一一三九）年七月に院号を宣下されて高陽院《かやのいん》となった。年齢的な問題もあって、皇子・皇女を出産することはなかったが、久寿《きゅうじゅ》二年（一一五五）に死去するまで院と忠実・頼長を仲介し、彼らの提携に重要な役割を果たすことになる。なお、復帰後も主として宇治に居住していた忠実は、上洛の際に泰子の邸宅高陽院を利用していた。

荘園集積の容認

鳥羽院と忠実の協調の所産として、重要な意味をもつ政策は荘園整理の放棄である。すでに白河院政の後期から荘園整理は事実上放棄されていたが、白河は忠実の荘園集積を咎めたように荘園の積極的な集積は容認していなかった。しかし、鳥羽は白河の方針を変更し、荘園集積を容認する姿勢を示したのである。近年の大田文《おおたぶみ》の研究によると、鳥羽院政期に寄進地系荘園《きしんちけいしょうえん》の大半が成立し、荘園・公領の大枠が完成したとされる。この時期に王家自体も巨大な荘園領主となり、のちの八条院領が成立することは周知の通りである。忠実も、院との提携のもと、白河に奪われた堀河中宮篤子領を回復したほか、母全子の荘園を継承するなど摂関家領の拡大に努めている。

忠実の出家

忠実は、保延六年（一一四〇）二月には輦車《れんしゃ》の宣旨《せんじ》を、六月には准三宮《じゅさんぐう》となって食封《じきふ》・随身《ずいじん》は忠仁公（良房）のごとくせよとの宣下を受け、摂関家歴代と同様の特権を与えられた。そして、七月に准三宮を辞退したのち、十月二日に実範《じっぱん》を戒師として平等院で出家し法名円理を称している。『中外抄』によると、彼はその直前の九月二十九日、道長・頼通・師実と同様の地位と名誉を得たことに満足する述懐を残している（上巻三十二条）。ともかくも摂関家の権威を保てたことに安堵したのであろう。

院と共に受戒

康治元年（一一四二）五月五日には前年出家した鳥羽院とともに東大寺で、ついで十二日には延暦寺でそろって受戒を遂げている。このように、両者の協調関係は長く継続していたが、その反面では、鳥羽院の下で院近臣勢力が台頭し、摂関家を脅かす動きも見せていたのである。

三　美福門院と院近臣

藤原顕頼の活躍

白河院政期に、「夜の関白」顕隆が果たした政務決裁の補佐という役割は、その子息である顕頼《あきより》に継承された。彼は蔵人頭などの重職について重要政務の取り次ぎを行ったほか、院の政務決裁についての諮問を受けている。久安三年（一一四七）六月に、播磨守平忠盛・清盛父子の配流を要求した延暦寺強訴が発生した際、顕頼が散位にもかかわらず院御所議定に参入し、議定終了後にはただ一人参入して院と密談したことは有名である。このように、摂関を差し置いた実務官僚系近臣による政務の決裁は継続していたのであり、翌久安四年の顕頼の死去後は信西《しんぜい》（藤原通憲）が同様の役割を果たすことになる。

美福門院得子

鳥羽院政期において、院近臣の台頭を象徴する最も注目すべきできごとは、院近臣出身の藤原得子、のちの美福門院が国母となったことに他ならない。得子は大国受領を歴任した末茂流の院近臣、権中納言長実の娘で、父の死後は孤児同様であったが、長承三年（一一三四）頃から院に接近していった。白河院・待賢門院によって後宮を支配されてきた鳥羽院は、さきに泰子入内で待賢門院の勢力に楔を打ち込み、今度はみずから新たな寵愛の対象を求めたのである。

体仁親王の誕生

彼女は保延元年（一一三五）には叡子内親王を出産し、翌年には従三位となった。この内親王が泰子の養女となっているように、院は得子の保護に泰子の権威を利用した面がある。そして、同五年には待望の男子体仁《なりひと》親王（のちの近衛天皇）を出産した。母の身分をはばかり、崇徳の中宮聖子の養子という形式をとって親王宣下・立太子が行われ、得子は女御となった。本来、女御は大臣家出身の女性に与えられる地位であるから、破格の処遇と言えよう。

美福門院画像（安楽寿院蔵）

近衛天皇の即位

永治元年（一一四一）には、わずか三歳の体仁が即位する。二十三歳を迎えていた崇徳から幼主への譲位であり、鳥羽・崇徳の譲位と同じ政治的意味をもつできごとであるが、譲位に際して公表された宣命《せんみょう》には養子であるはずの近衛が「皇太弟」とあったことから、崇徳の院政は不可能となったとされる（『愚管抄』）。当時の原則では天皇の直系尊属のみが院政を可能としていたのである。このことが事実とすれば、崇徳上皇の大きな不満を招き、のちの保元の乱の遠因となったことは言うまでもない。

泰子を利用して得子の立場を上昇させる鳥羽に、忠実や忠通は複雑な思いを抱いたことであろう。国母である以上、彼女との接近は歓迎すべきことではあるが、忠通の嫡女聖子が崇徳の中宮の地位を得ていながら、崇徳が皇統から外れたために外戚復活が不可能ともなった。摂関家にとっては、またしても国母を出せず、あろうことか諸大夫《しょだいぶ》層出身の女性が国母となったわけで、受けた衝撃は大きなものであったと考えられる。

得子の立后

近衛天皇が即位した年、得子は皇后となった。院近臣、すなわち諸大夫家出身の初めての国母・皇后の出現であり、それまでの摂関家・閑院流に代わる新たな外戚の出現であった。彼女の従兄弟藤原家成は、鳥羽院の寵愛を受けて目ざましい昇進を遂げることになる。得子の存在は末茂流の躍進を支えるものではあったが、この一門は先述のように主に大国受領を歴任してきた近臣家で、政治的力量や経験は不十分であった。したがって、崇徳やその外戚である閑院流と対抗するためにも、得子・近衛天皇の藩屏《はんぺい》となる有力公卿との提携が必要であった。

得子に接近する公卿

むろん、逆に国母の権威を求めて接近する人々もあった。たとえば、かつて堀河天皇の外戚として全盛を誇りながら、しだいに王家との血縁関係を薄くさせつつあった村上源氏もその一つである。源顕房の孫雅定《まささだ》は得子の祖父顕季の、またその子雅通《まさみち》は得子の叔父家保の女婿となっており、雅定は得子の皇后宮大夫となるなど得子にも接近している。また、摂関家の傍流である藤原伊通《これみち》らも顕季の縁者として得子に接近していった。

閑院流との対立

こうした美福門院一派と閑院流の対立はしだいに深刻化することになる。すでに崇徳在位中の保延六年（一一四〇）にも、外戚である閑院流の実行《さねゆき》を右大将に任命しようとした崇徳を抑え、鳥羽は雅定にその地位を与えたという（『今鏡』）。保延四年（一一三八）から久安五年（一一四九）まで右大臣に欠員を生じ、最後の三年間は左大臣も空席でありながら補任はなされなかった。これは、ともに大臣の地位を目指す源雅定と閑院流の藤原実行・実能兄弟との対立、拮抗の結果と考えられる。

忠通・頼長対立の遠因

こうした新旧の外戚家の対立・抗争は摂関家にとっても無関係ではなかった。すでに宗通の娘で伊通の妹に当たる宗子を正室としていた忠通と、長承二年（一一三三）に閑院流の実能の娘と結婚していた頼長の政治的立場にも、当然大きな影響を与えることになる。そして、次代の外戚のためには、摂関家から見れば本来見下すべき諸大夫層出身の国母への接近も不可避となった。このことが、保守的な身分秩序保持に固執した頼長の運命を大きく変えて行くことにもなるのである。

忠実の鳥羽院批判

注目すべきことに、久安元年（一一四五）十二月、鳥羽院の病気を聞いた忠実は、「其の政、多く不道。上は天心に違い、下は人望に背く」と、鳥羽に対する批判を頼長に述べるに至った（『台記』）。その一因は、鳥羽が美福門院に連なる院近臣を重視したことにあったと考えられる。院近臣勢力の台頭によって、忠実と院との協調には次第に暗い影が差しはじめるのである。

さて、以下では政情の推移から離れて、大殿として政界に隠然たる勢力を築いた忠実の、本拠地宇治や摂関家の家政に関する活動についてふれることにしたい。

第九　大殿忠実

一　宇治の発展

宇治を本拠とする

忠実は心ならずも長らく宇治に籠居を余儀なくされたが、政界復帰後もおおむね宇治《うじ》に居住しており、必要に応じて上洛する生活を送っていた。第三で述べたように、康和《こうわ》三年（一一〇一）の大改修以来、平等院では河内玉櫛荘《たまぐしのしょう》で生産される瓦が用いられるようになったが、この玉櫛荘の瓦は現在の宇治市街全域から出土しており、宇治の都市としての発展を裏付けるものと考えられている。この都市化は、政界に大きな影響をもつ忠実の居住と無関係ではあるまい。宇治には、忠実の家人《けにん》、あるいは頻繁に訪れる院や公卿一行のための宿泊施設、そして多数の人口を養う商業・流通施設などが設置されたものと推測される。

宇治の繁栄

仁平《にんぴょう》三年（一一五三）十一月に春日詣を行った頼長は、宇治を通った際のことを次のように記している。「午《うま》の刻に及び宇治に着いて乗船し河を渡る。（中略）鳥居より大和大路を経て小河大路より西行し、成楽院《じょうらくいん》東大路より南行す」とし、後述する忠実の邸宅小《こ》松殿《まつどの》に付属する成楽院の桟敷で高陽院《かやのいん》が、また忠実が乗車して同院の門前で見物したことにふれ、さらに同院南大路を東行、大和大路を南に向かって一坂に至ったとする（『台《たい》記別記《きべっき》』）。主要な邸宅の周囲に大路と呼ばれる街路が存在しており、保元の乱直前の宇治が都市として繁栄していた様が文献の面からも浮き彫りにされる。

　宇治は宗教的な場であるとともに、政界に間接的に影響を与える大殿の居住地という性格を帯びていた。この性格は、院の離宮であった鳥羽や、のちの平清盛の別荘福原《ふくはら》などと共通する面がある。こうした京外の都市は、祭礼や武装の制限など様々な禁忌に拘束される京と異なり、自由な行動が可能であったために、院や大殿といった制度の枠に囚《とら》われない権力者の拠点に相応《ふさわ》しかったものと考えられる。

富家殿

小松殿

　次に宇治の邸宅を紹介しておこう。先述のように、かつて宇治での拠点、また恐らくは籠居の地であった富家殿《ふけどの》は大治《だいじ》四年（一一二九）十月に焼失している。忠実が邸宅としたのは保延《ほうえん》二年（一一三六）以後に存在が確認される小松殿であった。小松殿は平等院の西側に隣接していたと考えられており、康治《こうじ》元年（一一四二）には北隣に成楽院が建立されている。後述するように、この年、忠実は小松殿に再三鳥羽院を迎え、一週間に及ぶ滞在もみられる。また、有力な貴族も小松殿を訪問している。たとえば、頼長の岳父にあたる閑院流の藤原実能《さねよし》などもたびたび参入し、久安《きゅうあん》四年（一一四八）閏《うるう》六月に忠実と対面した際には小松殿東廊に休所を設定している。時期から考えて、後述する頼長の養女多子の入内問題など、忠実と政局に関する審議に及んだことは想像に難くない。

藤原師長の元服

一方、小松殿では一門関係の儀式も行われている。まず久安元年（一一四五）正月には頼長が忠実・師子に見参している。同五年十月には頼長の息で忠実の養子となっていた師長が元服を遂げて家司《けいし》以下を補任《ぶにん》しており、下級の者に対する食事である屯食《とんじき》を荘園より召したという。元服という政治的な意味を帯びる儀式も宇治で遂行されるようになっていたこと、そしてそれを支える経済体制も整備されていたことが判明する。

平忠正の宿所

このほか、仁平三年（一一五三）四月には鹿が同殿に入ったため占いが行われる一幕もあったが、鹿が去った翌日、忠実が女房とともに田楽に興じた直後、愛妾播磨《はりま》の養女となっていた頼長の娘が突如危篤に陥った。この時、彼女は忠実の家人である武士平忠正《ただまさ》の宿所に移される途中で死去しており、小松殿の近隣に家人の宿所が設置されていたことが判明する。なお、忠実は成楽院を同年八月に後継者である氏長者頼長に譲渡したが、頼長は忠実と同様に西殿を居住に用いていたという。

小川殿

小松殿のほか、宇治には忠実の母全子が居住した小川殿があった。彼女は早くから宇治に居住しており、住居は一貫していたものと考えられる。忠実は、同所に母のために御堂を建設したが、完成したのは全子が死去した翌仁平元年十月のことであった。

鳥羽の御幸

次に、宇治における重要な出来事や儀式をとりあげよう。まず注目されるのは、鳥羽院の再三にわたる訪問である。その最初は、忠実が内覧に復帰した長承元年（一一三二）の九月二十四日の平等院御幸で、忠実は忠通・頼長とともに鳥羽院に経蔵の宝物を見せている。この時、院近臣として寵愛を恣にしていた播磨守藤原家成《いえなり》が、王家・摂関家以外では初めて経蔵への参入を許された（『続古事談』）。むろん鳥羽院の意向に沿ったものであり、鳥羽院によって政界復帰を許されたばかりの忠実にとって拒否しにくい面もあったのかもしれないが、第六でふれた家成の祖父顕季との交流を考え合わせるならば、忠実の身分秩序に対する柔軟な姿勢が窺われる。ついで鳥羽院は同三年五月にも平等院に御幸し、保延元年（一一三五）二月には春日御幸の帰路に宇治に立ち寄っている。

小松殿への御幸

そして先述したように康治元年にはたびたび小松殿を訪問している。まず、二月、平等院一切経会のために宇治を訪れた鳥羽院・高陽院がこの邸宅に一週間程滞在し、五月

宇治上神社（旧離宮社）

にも忠実とともに東大寺での受戒に臨むために同殿で合流している。ついで、六月の成楽院建立の際にも、鳥羽は高陽院・全子以下とともに供養に列席している。

摂関家の宇治に関係した儀式では、平等院を創建した頼通の忌日をはじめとして、一切経会・師実忌日なども毎年開催されている。摂関家以外の儀式としては、宇治の鎮守とされる離宮社の宇治離宮祭が注目される。忠実は、すでに長治元年（一一〇四）に、頼通・師実の先例に倣って奉幣したあと平等院で競馬を見ている。永久四年（一一一六）にも成信の房の桟敷で流鏑馬・競馬を見た記録がある。しかし、祭が大きく発展するのはやはり忠実の復帰後で、長承《ちようしよう》二年（一一三三）五月八日の宇治離宮祭は、「今日、宇治鎮守明神の離宮祭なり。宇治辺の下人、これを祭る。

（中略）巫女《みこ》・馬長・一物、田楽《でんがく》・散楽《さんがく》、法のごとし。雑芸一々、遊客あげて計《かぞ》うべからず。見物の下人数千人、河の北岸に着する小舟数千艘、瓦を並べるがごとし」という大盛況であったという（『中右記』）。

仁平三年（一一五三）四月には家司平信範《のぶのり》に来月の離宮祭の田楽装束一具の調進を命じている。信範によると、忠実は「去る八日の離宮御輿《みこし》迎え以後、平等院三綱所司《さんごうしょし》以下、品々下部、殿中上下、宇治の侍、宿直《とのい》の雑色《ぞうしき》・主殿《とのもり》、皆田楽に供奉すべ」きことも命じていた。また、「近日それ様々のともがら、村々競い営む。毎日出立し、先ず御輿旅所に参り、次いで入道殿（忠実）御所に参る。終日御覧。そのほか、宇治《うじ》・白川《しらかわ》など、座々の法師原、おのおの装束を賜り、かの八日供奉《ぐぶ》せらるべし。その旅装束六十余具、兼日人々に宛て召さると云々《うんぬん》」（『兵範記』）とあり、離宮祭の発展に忠実が大きく貢献していたことは疑いない。

忠実の出家

このほか、宇治での大きな出来事としては、保延六年（一一四〇）十月二日の平等院における忠実の出家があるが、残念ながら当日のことを伝える詳細な史料は残っていない。もちろん、出家したからといって、忠実は決して隠棲したわけではなかった。それどころか、むしろ出家後にこそ、忠実の家政に対する関心は一層高まることになるのである。

二　配流と死刑——悪僧と私刑

興福寺蜂起の背景

すでに触れたように、興福寺《こうふくじ》は院による人事介入を原因として再三蜂起を繰り返し、氏長者の制止を無視して強訴《ごうそ》を行い、院の派遣する武力と衝突する有様であった。南都顕教系僧侶の僧綱《そうごう》昇進を決定する南京三会《なんきょうさんえ》の中心維摩会《ゆいまえ》が興福寺で開催されることが、院の介入の一因ともなっていた。興福寺と院が長者の頭越しに対決したために、長者でもある摂関の権威を著しく損なうことになったのである。

鳥羽院の強硬策

こうした強訴に対し、かつての白河院は強硬姿勢を示しながらも最終的には譲歩しており、興福寺が軍馬にさらされることはなかった。ところが、鳥羽院は一転して強硬な態度を見せつけたのである。大治四年（一一二九）十一月、鳥羽は彼の愛妾三条殿の後見である仏師長円《ちょうえん》を、強引に興福寺の末寺清水寺《きよみずでら》の別当に就任させた。この役職は、第六で述べたように、白河院が仏師円勢《えんせい》を無理に補任したために、強訴や延暦寺と興福寺の軋轢《あつれき》まで生じたいわくつきのものである。この長円こそは円勢の子であった。当然、今回も興福寺の悪僧《あくそう》たちは激怒し、南都に下った長円一行を襲撃し負傷させてしまった。

これに怒った鳥羽院は源為義《ためよし》・同光信《みつのぶ》以下の検非違使《けびいし》を興福寺に派遣し、寺内で悪僧の追捕を強行したのである。ついに興福寺は武士によって蹂躪《じゅうりん》されるに至った。院政の当初だけに、鳥羽は白河とは異なる強圧的な姿勢を示すことで権威を見せつけ、復権しようとする忠実にも自身の意志を示したのかもしれない。なお、この時に悪僧の張本人の一人として追捕された信実《しんじつ》を検非違使為義が庇護《ひご》しており、両者の結合が始まっていたことを窺わせる。のちに忠実はこの二人を組織することになるのである。

忠通の対策

こうした情勢のもと、氏長者・関白である忠通《ただみち》は、保延元（一一三五）に悪僧の追却などを命じ、強硬な姿勢を示した。しかし、以後も大規模な強訴が相次ぐことになる。まず同三年正月には、東寺の僧定海《じょうかい》が興福寺別当玄覚《げんかく》を超越して僧正に就任したため「大訴」が発生する。これも院の強引な人事に対する不満から発生した蜂起であり、結局は不条理な人事を行った鳥羽院が妥協することで事態は決着した。その翌年別当玄覚が死去すると、大和源氏出身で「日本一悪僧武勇」を称された権上座信実が長者宣で寺務を執行するに至った。院との軋轢の中で悪僧の勢力が強大化したことを物語る。

信実の台頭

ついで同五年には、鳥羽院の意向で補任された村上源氏出身の別当隆覚《りゅうかく》を訴える強訴が勃発した。院が平忠盛以下の武士を派遣したため、強訴は宇治で阻止されたものの、隆覚は悪僧との合戦の末に追放されるに至った。

覚継の無能

同年二月に、忠通の長男覚継《かくけい》が権別当《ごんのべっとう》に補任されたのは、こうした事態の収拾を図る目的があったと考えられる。当初は忠実もこの人事を支援し、覚継の別当昇進を期待した形跡もあるが、寺内の実権は信実以下の悪僧が掌握して寺司は形骸化しており、しかも覚継は無能で別当への昇進も困難な有様であった（『中外抄』下巻三十二条）。こうして氏長者忠通の下で興福寺は混乱の度合いを深めていったのである。

忠実の焦慮

興福寺の混乱は院や院近臣との対立を招き、摂関家の立場を著しく悪化させる恐れがあった。そして、この問題がかつての失脚の遠因ともなっただけに、忠実は興福寺問題に対する危機感を誰よりも痛切に感じていたに相違ない。忠実は氏長者忠通の無策が寺内の混乱を招き、院との度々の衝突を招致したことに憤慨して、自ら興福寺の統制に乗り出すことになる。しかし、この介入が結果的には忠実と忠通の深刻な対立の一因ともなったのである。

悪僧の配流

忠実の統制策はきわめて大胆で、厳しいものであった。まず康治元年（一一四二）八月、氏長者忠通の命令として悪僧十五人が奥州に配流された。しかし、頼長が『台記』に記したように、護送に当たった源為義は忠実の家人であり、配流された僧こそ法文を知る者で、忠実と結ぶ信実に反抗したために処罰されたという。すなわち、この事件は忠実が悪僧の中心信実と提携し、反信実派僧を奥州に配流したことを意味する。忠実が忠通に代わって興福寺統制に乗り出したこと、奥州配流という従来にない厳しい処罰が行われたこと、そして源為義という独自の武力が処罰を担当したことにおいて、注目すべき事件と言えよう。

興福寺境内（五重塔）

興福寺を代表する建築である五重塔は，応永33年（1426）の再建。

信実との提携

保延二年（一一三六）十一月、春日詣で奈良に赴いた忠実の前駆を信実の息子が勤仕していることから、これ以前に両者の提携が成立したものと考えられる。その二年後、信実に先述の寺務《じむ》執行《しぎょう》の長者宣《ちょうじゃせん》が下ったが、これも忠実の意志によるものであろう。

天養《てんよう》元年（一一四四）、忠通は大和を知行国とするが、悪僧の蜂起で検注《けんちゅう》に失敗し、大和を放棄して石見《いわみ》に転じている。これも状況を考えると、知行国主として悪僧統制を試みた忠通の敗北、信実以下を掌握した忠実の勝利を意味する事件と言える。事実、翌年六月に興福寺が金峯山《きんぶせん》と合戦を企てた際、忠実が法橋寛誉《かんよ》を遣わし制止したのに対し、氏長者忠通は全く制止しなかった。興福寺の実質的支配権の所在は明白である。

悪僧の制御

さらに、久安四年（一一四八）八月、興福寺の強訴に際し、忠実は悪僧を説得して上洛を断念させている。もはや忠実は悪僧を手の内に収め、所期の目的の通り、院との対立・衝突を回避させることに成功したのである。この時も忠通は無力で、忠実との対比は際立っていた。その二年後には鳥羽院の意向を受けて、かつて追放された別当隆覚の復帰を大衆に認めさせることに成功している。こうして興福寺問題を通して忠実は忠通の実権を奪い、実質的な氏長者として摂関家と政界に君臨することになったのである。

法橋寛誉の殺害

さらに、忠実は配流以上の残忍な刑罰さえも行っている。頼長の日記『台記《たいき》』久安三年十月二十四日条によると、「人伝う、禅閤《ぜんこう》（忠実）法橋寛誉を殺す。世以て刑罰法に過ぐるとなす」とあって、忠実は刑罰として、法橋という僧位を有し、参議藤原為房《ためふさ》の男でもある高僧を殺害しているのである。

当時、もちろん死刑は公的には行われておらず、武士の所領の内部などごく限られた独自の領域内で私刑として執行されていたが、同様に摂関家内部でも行われていたことになる。寛誉が殺された理由は不明だが、先述のように彼は忠実に近侍して興福寺統制に活躍していただけに、失策か裏切りが原因であろう。このような死刑・配流といった厳罰主義、そして先の配流が為義に担われていたように、厳罰の執行を可能にした強力な武士団の組織が、忠実の興福寺統制を成功させた一因と考えられる。

統制成功の背景

むろん、忠実は悪僧に対して鞭をふるうばかりではなく飴も与えていた。たとえば、身分秩序や制度にこだわらず悪僧信実に寺内の実権を委ねたこと、院との対立を先鋭化させた大衆にとって忠実こそが院との衝突を回避できる唯一の存在であったこと、そして第十で後述するように、頼長は悪僧相互の所領争論を調停しており、忠実の段階でも在地領主的側面をもつ悪僧の本領安堵を行ったと見られることなどが指摘できよう。こうした寺内統制の成功の結果、信実以下の悪僧は保元《ほうげん》の乱で頼長のために立ち上がったのである。

つぎに興福寺の寺内統制などの担い手となった源為義以下の武士団と、忠実の関係について検討したい。

三　源平武士団の組織

源為義

忠実に伺候《しこう》した武士で最も名高いのは、先にも名前の出た源為義であろう。為義は八《はち》幡《まん》太《た》郎《ろう》義家《よしいえ》の孫で、義家の死去、それに続く父義親《よしちか》の反乱と滅亡によって惹起された河内源氏内紛の結果、若くして河内源氏の当主となった。当初は、白河院の信頼を受けて、鳥羽天皇警護の検非違使にも選ばれたが、度重なる不祥事、暴力事件が原因で白河院、そして鳥羽院からも排斥され、四十歳を過ぎても叙爵《じょしゃく》も許されない六位検非違使という惨めな状態であった。その為義が忠実に臣従した時期は不明確だが、少なくとも頼長の家人となった康治二年（一一四三）六月以前であることは間違いない。

源行真申詞記

一方、平安末の公卿三条実房《さねふさ》の日記『愚昧記《ぐまいき》』の裏文書として、偶然残った史料に「源行真申詞記《ゆきざねもうしことばき》」がある。この文書は、殺人事件の容疑者となった近江の武士源（佐々木）行真が、自身の潔白を検非違使に弁明した記録で、近江国《おうみのくに》の佐々木一族の内紛において、対立する相手の一族を殲滅《せんめつ》しようとする自力救済を物語る史料として名高い。それはともかく、この史料によると、保延二年（一一三六）に為義は忠実の舎人《とねり》である行真のもとを訪れて、行真の替わりに四男行正を家人として獲得したという。為義は行真の甥道正を家人としていたことから同地を訪れたというが、為義自身がすでに忠実に臣従し、その家産機構を介して佐々木一族に接近した可能性が高い。おそらく、為義はこれを余り遡らない時期に忠実に臣従したものと考えられる。

為義の役割

為義の役割としては、先述した悪僧の配流の護送といった京と陸奥《むつ》に跨《また》がる大規模な行動もあったが、日常的には忠実・頼長の外出に際する身辺警護が主であった。また、康治二年六月には、ともに忠実に伺候《しこう》していた武士源頼盛《よりもり》と同惟正《これまさ》が宇治で合戦を企てた際、為義が頼盛の郎従を捕らえている。惟正の出自は不明だが、頼盛は清和《せいわ》源氏頼平《よりひら》流に属し、檜垣太郎《ひがきたろう》を称していた。さらに第九で後述するように、久安六年（一一五〇）九月に忠実が忠通から氏長者を奪い東三条殿を接収した際にも、為義一族が警護に当たっている。こうしたことから、彼らは家政的警察権を預かっていたと考えられている。

一方、為義の男義賢《よしかた》は康治二年十一月より頼長の能登荘《のとのしょう》を預けられていたが、この地位が荘園の管理に当たる預所《あずかりどころ》であったとみて差し支えないだろう。すなわち、為義

多田源氏と忠実・頼長

多田神社境内

一族は預所として家産機構の暴力装置としての性格も有していたのである。こうした立場は、摂関家領摂津国《せっつのくに》多田荘《ただのしょう》を支配していた多田源氏にも共通するものと言える。

多田源氏はまさに清和源氏の本来の嫡流に当たる一族で、頼光《よりみつ》の孫頼綱《よりつな》の時に多田荘を摂関家に寄進し、以来摂関家と密接に結合していた。しかし第五でふれたように、頼綱の嫡男明国《あきくに》は忠実の密命を帯びて美濃の荘園に下向した際に殺人を犯し、死穢を京に拡散したとして佐渡に配流されてしまった。このため、一門の政治的地位はすっかり低落し、その子行国《ゆきくに》は公的な場での活躍をほとんど確認できなくなってしまう。ただ、行国が仁平二年（一一五二）七月に、頼長の命令を受けて興福寺で殺人を犯した僧道継《どうけい》を多田荘で匿《かくま》ったことは、公権の介入を拒む荘園の独立性や摂関家の法圏の自立性を明示するとともに、多田源氏が摂関家における私刑を担当したことを物語る事例である。

源頼憲

行国には頼盛《よりもり》と頼憲《よりのり》という二人の男子があったが、先に世に出た弟頼憲が忠実・頼長に近侍したのに対し兄頼盛は忠通に臣従しており、この対立は摂関家と同様に保元《ほうげん》の乱に持ち越されることになる。この間の仁平元年七月には、頼長の命令を受けた頼憲が為義の摂津国《せっつのくに》の旅亭を焼却している。この事件は、主君の命によって他の家人を処罰したことになり、頼憲も摂関家の家産機構内部における警察的役割を果たしていたと言える。忠実にしてみれば、興福寺悪僧の統制、そして荘園の管理は焦眉の問題であり、そのための武力は不可欠であった。為義のように院政から排除されたり、頼憲のように摂関家領荘園の武士こそ、まさにそうした武力としてうってつけの存在だったのである。

官位上昇を目的に奉仕

一方、為義が忠実に伺候した直後に叙爵したと考えられるように、彼らが摂関家に官位の上昇を依存していたことはいうまでもない。忠実も、『中外抄』上巻五十一条で、為義を検非違使にとどめる鳥羽院を批判し、官位昇進を支援する姿勢を示している。忠実と為義との間にはこうした官位を介した関係と同時に、為義が忠実の舎人を家人化しようとしたように、武士団としての発展を摂関家に依存する面もあった。

武士との主従関係

多田源氏が多田荘を寄進し、河内源氏の一族が預所に任ぜられたごとく、彼らは摂関家の家産機構にも深く組み込まれていた。言い換えれば、忠実と所領を媒介とした主従関係にあったと考えることができる。所領関係は明白ではないが、平忠盛の弟忠正も長く忠実・頼長の警護などを担当してきた武士で、かれも忠実以下と密接な関係にあったことは疑いない。したがって、保元の乱の頼長方の武力は、忠実が主従関係を締結し、頼長に継承されたものであったことになる。忠実の武力組織の強固さが窺われよう。

複合権門の形成

さて、こうしてみると、忠実は貴族である家政機関職員はもとより、悪僧と興福寺、河内・多田源氏以下の武士団を主従関係に組織していたことになる。主従関係と荘園を基盤とする中世的政治勢力を権門《けんもん》と称するが、忠実が率いる摂関家は、鎌倉時代の権門のように公家・武家・寺家と性格・職能の区分を明確にした権門ではなく、それぞれ国家的な役割を果たす公家・武家・寺社権門を内包した複合的な権門であったことになる。そこで、忠実の率いる摂関家を「複合権門」と称することにしたい。

地方武士の組織

なお、先述の近江《おうみ》の佐々木一族が舎人《とねり》で、その居所が忠実の所領であったり、荘園寄進を通して奥州《おうしゅう》藤原氏と結合したように、忠実のもとには舎人・荘官などとして組織された地方武士もあったものと考えられる。その一部は為義以下の有力武士に組織され

系図4　清和源氏系図

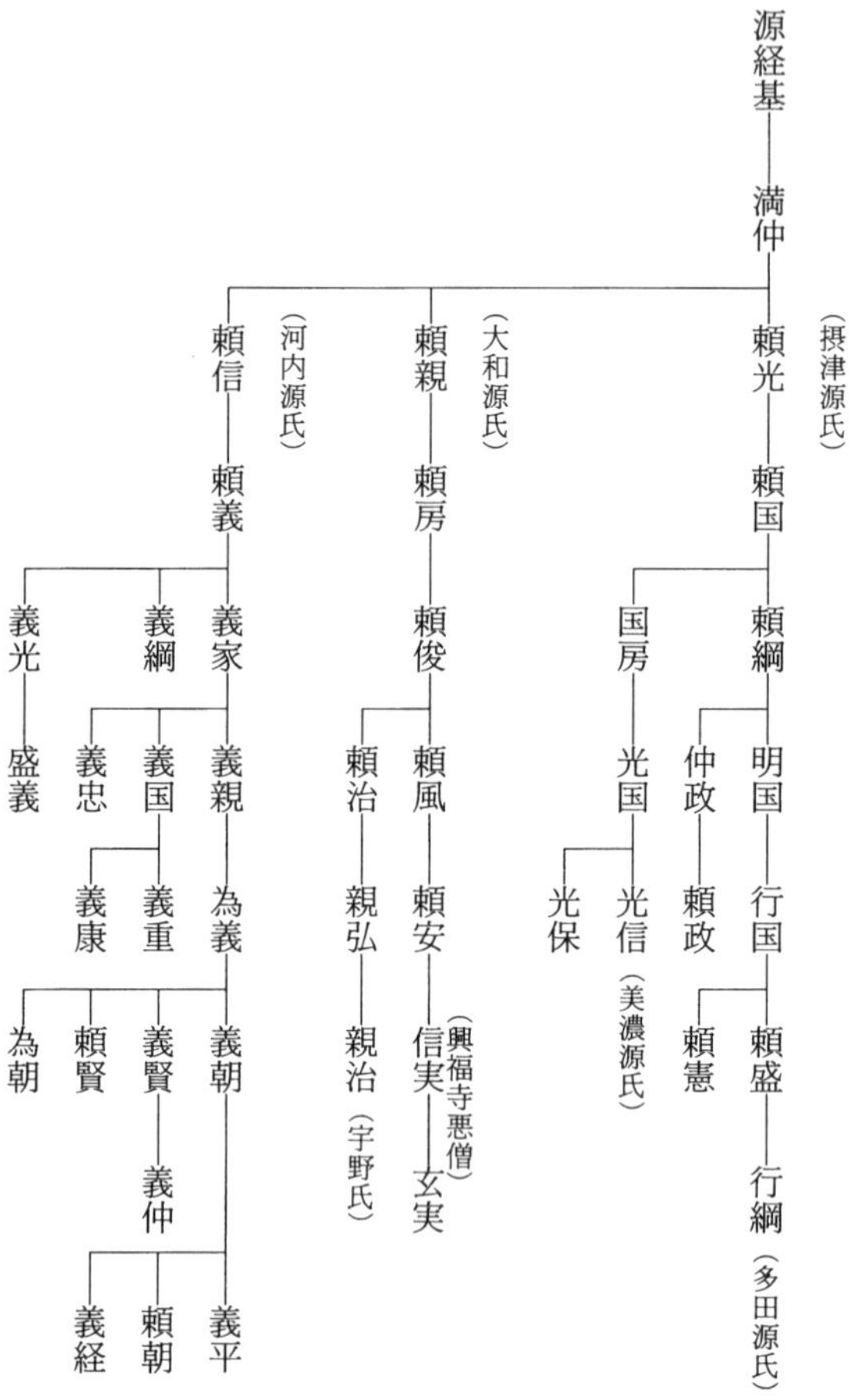
源経基
満仲
（摂津源氏）
頼光
頼国
頼綱
明国
行国
頼盛
行綱
（多田源氏）
仲政
頼政
頼憲
国房
光国
光信
（美濃源氏）
光保
（大和源氏）
頼親
頼房
頼俊
頼風
頼安
信実
（興福寺悪僧）
玄実
頼治
親弘
親治
（宇野氏）
（河内源氏）
頼信
頼義
義家
義親
為義
義朝
義平
頼朝
義経
義賢
義仲
頼賢
為朝
義国
義重
義康
義忠
義綱
義光
盛義

ていたごとくであるが、その全貌を知ることはできない。

また、忠実は失脚前には河内源氏の義光《よしみつ》一族と密接な関係をもっており、永久二年(一一一四)十二月には義光の男盛義《もりよし》が忠通の前駆を勤めているし、同じ月には義光の男が坂《ばん》東《どう》から馬を送っている。その後、坂東の義光一族との関係は見られず、忠実の失脚もあって消滅したのであろう。

第十　分裂する政界

一　忠通と頼長

両者に対する忠実の評

天養《てんよう》二年（一一四五）正月、童殿上を認められた子息菖蒲丸《あやまる》（兼長《かねなが》）に頼長は「忠経《ただつね》」という名を与えた。これを聞いた忠実は、その訓《よ》みがかつて坂東で謀叛を起こした平忠常と同じであることから、本来「経史」に通じている頼長は微細なものに目を取られ広い視野をもたないと批判した。この時、忠実が摂政忠通を「風月に長」じていると評したことはよく知られている（『台記』）。保元の乱直前の忠実が頼長を支援し、長男の忠通と対立したのは事実であるが、本来忠実は忠通の能力も評価していたのである。その忠実が、忠通と激しく対立し、頼長を支援するに至った背景について考えることにしたい。

すでに述べたように、忠通は右大臣源顕房《あきふさ》の娘師子を母として承徳元年（一〇九七）に生誕した。そして、正室所生の嫡男として迅速に官位を上昇させ、永久三年（一一一五）には十九歳で内大臣《ないだいじん》に至った。その後、興福寺の騒擾や荘園の問題などで追い詰められた忠実が、摂関の譲渡をひそかに考えていたらしいことは第六でふれた通りである。

忠通は思いがけない父の失脚で、保安二年（一一二一）に関白に就任する。その十年余り後の忠実の政界復帰が両者の間に微妙な摩擦を生じたのは当然で、泰子立后等の忠実の表立った政治活動に忠通は批判的な態度を示した。しかし、第七でふれたように、忠実は政務を忠通に委ねて宇治に退去しており、両者の間に大きな波風は立たなかったのである。

忠通との協調

その後の二人の協調を示す事例は少なくない。たとえば、保延四年（一一三八）二月には、出家した長年の忠実の盟友藤原宗忠《むねただ》をそろって訪問している。また、同六年に忠実は忠通に才があるとする談話を残しているし、同年には待賢門院《たいけんもんいん》御所が移転する際の装束について、忠通は忠実に尋ねたという（以上『中外抄』）。康治二年（一一四三）七月には疱瘡《ほうそう》を病んだ忠実のために、忠通は宇治にとどまって一日仏を供養したのである。

忠通の人柄

忠通の人柄について、悪辣な陰謀家とする説もあるが、彼が様々な政治的工作を行うのは、忠実・頼長との対立によって追い詰められた結果で、むしろ美福門院《びふくもんいん》（藤原得子）・信西《しんぜい》などに利用された面が強い。本来は、先述のように「風月に長」じた、和

藤原忠通画像
（「天子摂関御影」宮内庁三の丸尚蔵館蔵）

歌・書道といった伝統的芸能に堪能な風雅な人物と考えられる。また、興福寺対策において悪僧を直接掌握するという忠実の大胆な施策に比して、権別当覚継《かくけい》に依存して有効な施策を打ち出せなかったことからも、彼の人柄は窺える。

その忠通に長く嫡男がなかったために、天《てん》治《じ》二年（一一二五）に忠実の命により頼長を養子としたことは第七で記した通りである。おそらく当初は実子誕生までの中継的な養子縁組だったと考えられるが、大治《だいじ》二年（一一二七）に生誕した男子が夭折するなど、忠通はしかるべき男子を得られず、結局頼長が事実上の後継者となるに至った。このことは、後述する頼長やその嫡男兼長の官位の昇進の有様から明らかである。

頼長の経歴

頼長は保安元年（一一二〇）五月の生誕で、当時父の忠実は四十三歳、兄忠通は二十四歳であった。頼長の母は忠実の家司土佐守藤原盛実《もりざね》の娘で、その家柄は藤原氏高藤流の傍流に過ぎない。忠実の正室で右大臣顕房の娘を母とする忠通とは大差があり、この劣等感が摂関家の一員という意識を強調し、院近臣に対する鋭い反発を生んだのであろう。

破格の昇進

白河院死去後の大治五年（一一三〇）に叙爵した頼長は、十月には五位のまま近衛《このえ》中将《ちゅうじょう》を兼任する五位中将となった。この五位中将とは、第一でふれたように藤原師通以来摂関家嫡流を象徴する地位で、忠実以降は忠通のみが許されていた。また彼は参議を経ずに権中納言中将に就任しているが、これも摂関家嫡流の特権的な地位であった。そして保延二年（一一三六）にはわずか十七歳で内大臣となり、忠通の十九歳、忠実の二十一歳を凌《しの》ぐ最年少での大臣昇進を実現したのである。こうした輝かしい経歴は、明らかに彼が摂関の後

藤原頼長画像
（「天子摂関御影」宮内庁三の丸尚蔵館蔵）

継者として遇されていることを物語る。この間に儒者から中国の古典を学んだのも、将来の執政を目標にしたものと考えられる。

頼長は摂関家の嫡流

頼長ばかりではない。その家嫡とされる兼長も久安四年（一一四八）十月に頼長と同じく五位中将を与えられており、もはや頼長の系統が摂関を継承することは貴族社会における既定の方針のごとくであった。このように、官職面から見ても頼長は摂関家嫡流に位置づけられており、次期摂関は確実と見られていた。父忠実の偏愛によって頼長が強引に摂関の座を希望したとする『愚管抄《ぐかんしょう》』の解釈は誤っている。また、当時の頼長も忠実に対して全面的に従属していたわけでもなかった。第九で記したように康治元年の興福寺悪僧の奥州配流に際し、「今度刑を蒙《こうむ》る僧、多くこれ法文を習い知ると云々《うんぬん》。ああ哀しいかな」として、配流を実行した忠実に対する批判さえも記している（『台記』）。一方、忠実も半年近く頼長を遠ざけたこともあり、頼長とは一定の距離を置いていたように思われる。

忠通に嫡子基実が誕生

こうした三者の立場に微妙な変化が生じるのが康治二年（一一四三）である。この年、権中納言源国信《くにざね》の娘との間に忠通は待望の男子基実《もとざね》を儲けた。実子への関白譲渡を優先し、養子頼長に対する譲渡に躊躇《ちゅうちょ》する気持ちが芽生えることになる。しかも先述のように、前年の八月には忠通の生ぬるい興福寺政策に業を煮やした忠実が、源為義に命じて反信実派の悪僧を奥州に配流している。長者の権限を侵害し始めた忠実に対し、忠通は次第に不満を抱くようになっていたと考えられる。天養元年（一一四四）に忠通が大和を知行国として獲得し、検注をめぐって悪僧との対立を惹起した背景には、忠実に対する巻き返しの意図があったに相違ない。そして、これに失敗した忠通が、事実上興福寺に対する支配を放棄するに至ったことは第九に記した通りである。

翌久安四年（一一四八）四月には頼長の男で忠通の猶子となっていた兼長が忠通の近衛邸で元服しており、忠通と忠実・頼長との連携も見られた。しかし、同年十一月に兼長の少将昇進の遅延をめぐって忠実と忠通が対立し、忠通は以後兼長の官位昇進に関与しないと報じて両者の関係は険悪化してしまった。兼長が頼長の嫡男であり、摂関家の嫡流をめぐり微妙な関係にあったことを考えれば、忠通が昇進に消極的になるのも当然と言える。

北政所師子の死

その直後の十二月、北政所源師子が重病に陥った際には、忠通も頼長らとともに母を見舞っている。同月十四日に彼女は七十九歳の天寿を全うした。彼女の死去によって、忠実は半世紀に及ぶ伴侶と、同時に忠通との調停者をも失うことになったのである。

頼長の処遇

この間、忠実は先述のように康治二年に家人源為義を頼長に臣従させたのをはじめ、久安元年四月には師実の御物であった律令・格式、家の重宝である「除目叙位官奏格記」を、同三年二月には『御堂関白記《みどうかんぱくき》』以下歴代摂関の日記、同年五月には医学・陰陽書以下を与え、さらに同四年には陸奥《むつ》の荘園をも譲渡するなど、あくまでも頼長を後継者として処遇していた。そして、この久安四年、忠実はすでに頼長が養女としていた室幸子の姪多子の入内工作を開始するのである。この入内工作は外戚化と直結するだけに、摂関の継承問題とも密接に関連しており、忠実・頼長と忠通との関係に深刻な影響を与えることになる。

二　忠通の義絶

多子の入内問題

久安四年閏《うるう》六月とされる『中外抄』上巻の二つの談話で、忠実は鎮西から献上された毛の生えた亀を女子の瑞兆《ずいちょう》とし（八十六条）、ついで東三条殿を子孫繁栄の吉所とする『李部王記《りほうおうき》』の記事についてふれている（八十七条）。多子入内に摂関家の将来をかける忠実の意識を看取することができるだろう。

その多子の入内問題は、久安四年十二月の師子の死去によって一時中断した。翌五年十一月に忠実と忠通は雑事を相談しているし、翌六年正月に忠実が母全子の従一位叙位を忠通に依頼するなど、まだ両者には連係も見られた。忠実は十回ばかりも摂関の譲渡を忠通に依頼したとし、『愚管抄』には忠実が窮余の策として出した、摂関をいったん頼長に譲渡したのち、忠通の子孫に継承させるという妥協案を忠通が拒絶したとある。こうした逸話は、両者に交渉の余地のあった、この当時のものであろう。

忠通の不安

忠通が態度を硬化させた一因は、頼長の入内工作の進展にあった。頼長が娘を入内させ外戚化に成功すれば、忠通の子孫に摂関が戻る可能性はほとんどないだけに、彼が提案を拒否するのも当然であった。そればかりか忠通は対抗するかのように、美福門院（得子）と提携し、室宗子の姪で一時美福門院の養女となっていた呈子を自身の養女に迎え、その入内を企図するのである。この背景に頼長と美福門院との鋭い反目が伏在したことは疑いなく、このことがさらに忠実・頼長と忠通の対立を激化させることになった。

忠通の対抗策と妨害

久安六年（一一五〇）正月十日に頼長が多子を入内させると、翌月には忠通が呈子の入内工作を開始した。そして忠通は鳥羽院に対し、摂関以外の者の娘は立后できないと奏上して、頼長側の立后の動きを妨害した。これに驚いた頼長は、忠実に上洛を求めたのである。忠実は二月十二日に入京すると早速鳥羽院に書を送り、道長の娘上東門院《じょうとうもんいん》や冷《れい》泉《ぜい》・円融《えんゆう》・堀河《ほりかわ》の母后など、非執政者の娘が立后した例を示すとともに、「諂諛《てんゆ》」の非難を恐れる頼長を説得して、近衛の母美福門院への立后工作の依頼を命じた。頼長が逡巡した背景には、日頃からの対立と身分秩序に基づく美福門院への嫌悪が存したのであろう。結局、頼長は忠実の説得に応じて手紙を出し、女院からの返書に接するや、たちまち「報札の旨、事すでに成れるに似たり」と欣喜《きんき》する有様であった（『台記』）。

多子立后の実現

ところが、今度は忠通の養女呈子の立后宣下の噂が流れたため、宇治を訪れた頼長は呈子が多子より先に立后するようならば出家すると言いだし、これを聞いた忠実も涕《てい》泣《きゅう》したという。しかし、こうした窮地において、感情に流されたりしないのが忠実の政治家としての強さで、彼は早速鳥羽院・美福門院に書を送るとともに、再三上洛して院に多子立后を要請し、ついに三月十四日に立后を実現したのである。政治家としてあまりに情緒不安定で未熟な頼長に対し、老練な忠実の庇護が不可欠であることを暴露した形になった。

二后の並立

これに対し、美福門院と深く提携した忠通も四月に呈子の入内を実現し、そして六月には皇后多子に対抗するように呈子を中宮に冊立することに成功した。入内・外戚化は摂関の継承を有利にする問題であり、入内競争と摂関継承問題は不可分だったのである。忠通は外戚関係の面でも頼長と同様に、子孫に摂関を継承させる可能性を確保したことになる。こうした入内・立后をめぐる抗争によって、忠実・頼長と忠通の関係は修復不可能となり、摂関の円満な譲渡はほとんど望みがたいものとなったのである。

摂関譲渡問題の推移

摂関譲渡が絶望となった頼長は四月、左大臣を辞して岳父藤原実能《さねよし》の大臣昇進を図ろうとしたが、これは橋本氏の推測(『藤原頼長』)のように、致仕によって摂関譲渡を促進しようとしたものであろう。忠実はこれをとどめ、右大臣実行《さねゆき》を太政大臣に昇進させることで、実能の大臣昇進を実現した。忠実が頼長の行動を制止した背景には、父権を通して忠通を説得できる自信があったと考えられる。また悪くとも、密接な関係にある鳥羽院の圧力で、摂政の譲渡は可能と考えていたはずである。ところが、鳥羽は忠実と忠通を取り次ぐばかりで圧力を加えることはなく、忠通も最終的に鳥羽院に対し全く譲渡の意志がないことを返答した。ここでついに忠実の堪忍袋の緒は切れたのである。

東三条殿の摂収

久安六年九月二十六日の深夜、丑刻《うし》(午前二時ごろ)、忠実は頼長に上洛の旨を伝えた。そして、頼長を伴って未明に宇治の西殿を立ち、入京するや直接摂関家の正殿東三条殿に向かった。忠実の命を受けた源為義も、兵を率いて東三条殿に付属する御倉町に駐屯

東三条殿復元模型(国立歴史民俗博物館蔵)

道長以来の摂関家の正殿。二町にまたがる大邸宅であった。

しており、東三条殿の接収を警護していた。そして、未刻《ひつじ》(午後二時ごろ)になって、ついに忠実は忠通を義絶し、氏長者を頼長に与えることを宣《せん》したのである。

義絶の理由について忠実は、摂政忠通の不孝を深く恨みながらも耐え忍んできたが、十度にわたる摂政譲渡の要請も拒否し、ついに不義の返答があったためとしている。そして、摂政は天子の与える官職であるから奪うことは出来ないが、氏長者は自分が譲った地位であるからこれを奪取し頼長に与えると述べた。頼長は諫め辞退したが、忠実の決意は今更変わるものではなく、結局頼長も承諾するしかなかった(『台記』)。忠実が、強硬手段を行使した背景には、自身の父権に反抗した忠通に

摂関家の家産と武力は頼長に

対する激しい怒りがあったと考えられる。しかし、摂関の地位が院によって決定されたように、摂関家の自立性と父権は院に強く制約されていたのである。

ついで、忠実は家司高階仲行《たかしなのなかゆき》や源為義の男頼賢《よりかた》に命じて、隣接する御倉町に保管されていた氏長者の象徴である朱器台盤《しゅきだいばん》や氏印などの宝物を奪取した。為義一族らの武力を恐れたのか、父への反抗はさすがに控えたのか、忠通側からの妨害は見られなかった。

一連の措置を済ませた忠実は、東三条殿に頼長一族や高陽院を招集し、ついで鳥羽院や公卿たちに事態を報告した。これに対し、翌日には大納言宗輔らが頼長のもとに参賀に訪れている。そして鳥羽院は自筆の書簡で「摂政の不義《ふぎ》、公《こう》の所為、理《ことわり》を得ると言うべし」と返答した（『台記』）。しかし、これまでの経緯から鳥羽院に不信感を抱いていた忠実は、十月に忠通から奪った荘園を献上して鳥羽の支持を確実なものとしたのである。

念願の関白就任は実現しなかったものの、頼長は忠実から氏長者の座、摂関家の家産と武力を与えられた。膨大な荘園、氏長者と主従関係にある貴族と武士団、そして興福寺を包含した複合権門摂関家は、頼長に引き継がれることになったのである。

その翌月、同年の正月に准三宮に叙せられたばかりの母全子が、九十一年の長い生涯を宇治で終えた。忠実は、その葬送の日程について、頼長の衰日のみを考慮し、忠通については考慮しない旨を頼長に伝えている。

三　頼長の執政

頼長に内覧宣下

明くる久安七年（一一五一）正月三日、忠実は忠通に譲渡していた師実・師通の日記正文《しょうもん》も奪い返して頼長に与えた。そして十日には、忠実の奏請によって頼長は内覧《ないらん》を宣下《せんげ》され、再び政界に関白と内覧が並立するに至ったのである。鳥羽院は早速同年の二月に院近臣平忠盛の刑部卿《ぎょうぶのきょう》就任の可否を頼長に諮問しており、彼を摂関家の代表として重視するかのごとくであった。しかし、橋本義彦氏の指摘（『藤原頼長』）のように、院は以後の政務において忠通と頼長を使い分けていたし、肝心の忠実自身も法成寺や平等院の管理権を渡さなかったために頼長の立場は大きく制約されていた。

院近臣の活躍

頼長を制約したものはそれだけではない。まず、鳥羽院も白河院と同様に政務の最終決定を院近臣に依存していたため、摂関・内覧の地位は形骸化しつつあった。内覧の権限自体が大きな限界を有していたのである。第八で先述したように、久安四年に死去するまでは藤原顕隆の嫡男顕頼が、それ以後は信西とその長男俊憲《としのり》が院近臣の第一人者として、鳥羽院への政務の取り次ぎや決裁に深く関与していた。したがって、頼長と信西の関係は、白河院政期における忠実と顕隆との関係と同様に、鋭い政治的対立を孕むものであった。

忠実は頼長を保護下におく

一方、忠実は寺院管理権ばかりでなく、知行国も譲渡しておらず、家長である自身に頼長を従属させたのである。これは、忠実が忠通と対立した経験から家長としての権限の譲渡に慎重になったことと、入内問題などで頼長の政治的な未熟さを痛感したことを物語る。忠通や美福門院と対峙《たいじ》する厳しい政情を考えれば、頼長を保護下に置くのも当然であろう。この従属と保護という関係には、院と天皇との関係が投影されていたものと考えられる。

第十三で後述するように、久安四年の『中外抄』には、政治に学問は不要とするなど、学問を重視した頼長との齟齬《そご》が窺われ、忠実は必ずしも頼長の学才や人物に大きな期待を寄せていなかったごとくである。その忠実が頼長の摂関就任に固執した背景には、手元で成長したことによる愛着もさることながら、父権と生来の執念深さとが相まって、摂関継承の既定方針を実現させようとした面が強かったのではないだろうか。

頼長と男色

氏長者となったあとも、頼長には軽率な行動が相次いだ。仁平三年（一一五三）正月、『愚管抄』に「無二ニアイシ寵シケル随身」と称された、男色相手の寵臣秦公春《はたのきみはる》が死去すると、頼長は二月はじめまで公事を放棄する有様であった。見かねた忠実が制止したにもかかわらず、四月二十一日に頼長は公春の死去を憂いて兵仗を辞すに至った。当時の貴族社会において男色は瀰漫《びまん》しており、『中外抄』には忠実と源信雅《のぶまさ》・成雅《なりまさ》父子との関係を示唆する記事がある。制度的な人間関係にかわり人格的な結合が表出してきた当時、たしかに男色も主従関係・交遊関係の一環として許容される面もあったと考えられる。しかし、はるかに身分も劣る男色相手の死去を悲嘆し、長期にわたって政務を放棄した頼長には、忠実ならずとも政治家としての資質を疑わざるを得ないであろう。

頼長と相次ぐ騒擾

また、頼長が私的報復を好み残酷な刑罰を行って、騒擾を惹起したことは周知の通りである。仁平《にんぴょう》元年（一一五一）にささいな紛争から院近臣藤原家成《いえなり》の邸宅を破壊し、鳥羽院の信任を失ったことは、頼長の政治的立場を著しく悪化させる結果となった。かつて忠実が鳥羽院に随行した家成を先例に反して平等院経蔵に入れたことと好対照であり、忠実が頼長の粗暴で無思慮な行動に大きな不満を抱いたことは想像に難くない。

頼長は以後も相次いで騒擾を惹起している。同じ仁平元年の七月には、先述のように源為義の摂津《せっつ》旅亭を源頼憲《よりのり》に焼却させて非難を浴びた。翌年六月には南都における殺人犯人追捕のために検非違使を仁和寺《にんなじ》に派遣し、検非違使の入寺に抵抗した同寺の僧と紛争を起こした。翌仁平三年の五月末ごろには、興福寺僧源勝《げんしょう》に反抗した従者が石清水八幡宮に逃亡するや、頼長は厩舎人を派遣して神域でこの従者を殺害してしまった。その直後の六月には、頼長の所領裁判を不服とする興福寺僧を上賀茂神社《かみがもじんじゃ》で追捕し流血事件を起こした。そして保元の乱の前年の久寿《きゅうじゅ》二年（一一五五）二月には、通りがかった武士平信兼《のぶかね》一行を頼長の家人《けにん》が侮辱したため、反撃を受けて死傷者を出す有様となった。

騒擾は権門内の統制と関連

　これらの事件に頼長の特異な性格が関係することは疑いないが、同時に権門《けんもん》としての摂関家内部に関する問題であった点にも注意する必要がある。第九で述べたように為義の旅亭焼打ちは家人による家人の処罰だし、仁平二年から三年に起きた三つの事件は、いずれも氏長者として管理する興福寺に関係した紛争で、長者の命令に背く者を強引に追捕した結果にほかならない。最後の信兼との事件も、その父盛兼《もりかね》が忠通と関係の深い和泉守《いずみのかみ》であったことを考えれば、忠通との対立の所産と言える。

　こうした騒擾は、権門を統制するために他の権門との軋轢を顧慮しない頼長の強引さを物語るものだが、忠実の段階には同様の紛争が見られなかったことを考えれば、頼長の摂関家・興福寺に対する統制が十分ではなかったことを示唆する。上洛中に上賀茂神社での事件を知って驚いた忠実は、頼長に命じて犯人を検非違使に引き渡させるなど後始末に奔走している（『兵範記』）。忠実は仁平三年十月に法成寺の管理を頼長に委ねたが、先述のように平等院の管理権と知行国は、ついに譲渡しなかった。その一因は、不祥事を繰り返す頼長に対する不信や憤懣にあったものと思われる。

忠実の知行国

このころの忠実は、大宰府《だざいふ》・安芸《あき》・近江《おうみ》・播磨などの大国を相次いで知行国とし、潤沢な経済力を背景として鳥羽院に対する奉仕に努めている。第八で述べたように、久安元年（一一四五）ごろには院に対する厳しい批判も口にしていたが、反面では院に迎合する柔軟で強かな側面もあったのである。たとえば、久安三年十一月、家司源憲雅《のりまさ》を大弐に任じて大宰府を知行していた忠実は、博多津の宋商人が献上した孔雀などを鳥羽院に献上したし、頼長執政期の仁平二年（一一五二）八月には、高陽院の白河御堂（福勝院）で鳥羽院の五十の賀を開催している。

鳥羽院に対する成功

翌三年四月に木作始が行われた鳥羽の新御堂金剛心院では、釈迦堂・寝殿御所舎屋十余宇を忠実を知行国主とする播磨守源顕親《あきちか》が造営し、翌年八月には彼の重任が認められている。平行して阿弥陀堂を家成を知行国主とする備後守家明が造営しており、ここには鳥羽院に仕える摂関家・院近臣という二大政治勢力の存在が象徴されている。

家司源顕親

なお、播磨守顕親は村上源氏顕房の孫、権大納言雅俊の子で、忠実に家司として仕えていた。忠実が播磨の知行国主となったために、従来は「四位上臈《じょうろう》」の任国という受領の最高位（『官職秘抄』）として、院近臣の第一人者が任命されてきた播磨守に就任したのである。顕親は忠実から厚い信任を受け、久寿元年七月には忠実が忠通派の家司平信範から奪った高陽院納殿《おさめどの》・御蔵町別当に補任され、後述するように高陽院の葬儀も奉行している。

以上のような鳥羽院に対する熱心な経済奉仕が、頼長に対する間接的な支援であることはいうまでもないだろう。同時に、備前《びぜん》・伊賀《いが》・石見《いわみ》などの知行国を保持し、依然として独自の経済力を有していた忠通に対する牽制や、摂関家家長としての権威の誇示という性格もあったと考えられる。こうした忠実の努力もあって、鳥羽院政の下で忠実・頼長は政治的優位を保持していた。しかし、事態は急変することになるのである。

第十一　孤立と頼長の挙兵

一　突然の失脚

忠通・院近臣との対立

頼長の内覧就任以来、忠実・頼長と忠通の対立は激化の一途を辿っていた。すでに仁平元年（一一五一）九月に、忠通は頼長が近衛天皇の退位を企てている旨を鳥羽院に訴え、院がその書状を忠実・頼長に伝える一幕もあった。仁平三年九月、鳥羽院は忠実に対し、忠通が眼病の近衛天皇から雅仁親王の皇子守仁親王の即位を勧めたことをことを伝えて忠通を非難した。忠実も「至愚之至愚」と激しく忠通を批判している。院の信頼は忠実に厚く、忠通が美福門院や信西などと結んでいる様が窺われる。

兼長、春日祭上卿を勤仕

仁平四年正月三十日には、頼長の嫡男兼長が春日祭上卿として出立したが、忠実は前日から東三条殿に赴いて高陽院とともに出立の様子を見物した。当日は頼長のほか、内大臣実能、民部卿宗輔以下、多くの公卿が見送りに駆けつけ、行列には院近臣を含む二十七名の内殿上人、三十九人の諸院殿上人、郎従を引き連れた源為義《ためよし》・頼賢《よりかた》父子を含む家政機関職員や多数の家人たちが随行した。まさに氏長者頼長一族の栄光の頂点を示す、華麗で盛大な儀式であった。忠実は宇治成楽院で一行の帰路も見物している。

忠実急病の影響

翌久寿二年（一一五五）二月四日、忠実は先述した頼長と平信兼の闘乱事件を聞きつけ、宇治から上洛しようとした。ところが、乗船の中で気分不快を訴え、回復ののち小松殿に帰る騒ぎがあった。頼長がただちに駆けつけたのをはじめ、翌日には公卿以下が「車を連ねて馳せ参る」という状態で、忠実が依然として政界に大きな影響力を有していたことを物語る（『兵範記』）。

その翌日には、頼長の子息で忠実の猶子《ゆうし》だった権中納言師長《もろなが》が前年の兼長に続いて春日祭の上卿を勤め、鳥羽・美福門院以下の見物する中、忠実の沙汰によって南都に向けて出立していった。しかし、この時、頼長の執事家司藤原親隆《ちかたか》や、忠実側近を除く近衛の官人たちが儀式に参加しておらず、忠実・頼長に対する反感がしだいに拡大・浸透しつつあった可能性が高い。そして、忠実の政治的優位は突如として崩壊するのである。

近衛天皇の死去

同年の七月二十三日、鳥羽院と美福門院の最愛の皇子で、かねてから病弱であった近衛天皇が、わずか十七歳の若さで死去した。天皇には皇子もなかったために、鳥羽殿において皇位継承者を決める議定―王者議定―が行われることになった。

この時、六月に正室幸子が死去したために服喪していた頼長は、急遽兼長とともに鳥羽殿に赴いたが、藤原顕頼の男である頭弁《とうのべん》光頼《みつより》らに服喪中であることを理由に出仕を拒まれ、王者議定から疎外されてしまったのである。このあと、九月に正室宗子を失った忠通が、宗子が出家していたとして服喪を免除されたことを考えれば、頼長、そしてその後見人の忠実は服喪を口実に体よく政治の中枢から排除されたと言えよう。鳥羽を退去した頼長は、入京して高陽院に赴き、宇治から鳥羽に立ち寄ってきた忠実と合流している。この時、両者の間でどのような相談がなされたのかは詳《つまび》らかでない。

忠実・頼長の排除

鳥羽殿における王者議定には、美福門院と親しかった前《さきの》右大臣源雅定《まささだ》、鳥羽院の執行別当で閑院流の藤原公教《きんのり》が出仕し、忠通にも二～三度使者が派遣されて意見が聴取されている。議定の結果は予想外のものであった。崇徳上皇の皇子で、皇位継承者の第一の候補と目された重仁《しげひと》親王は除外され、美福門院の養子となっていた守仁《もりひと》親王の即位の前提として、その父雅仁《まさひと》親王が擁立されることになったのである。

雅仁親王の擁立

雅仁は崇徳と同じく待賢門院を母としており、皇位継承の可能性がほとんどなかったことから帝王学を学ぶこともなく、当時の流行歌今様《いまよう》に明け暮れていたことはよく知られている。一方、近衛への譲位に際して院政の可能性を奪われ、今度は皇子の即位を阻まれて再度院政が不可能となった崇徳は大きな憤懣《ふんまん》を抱くことになる。こうした決定の背景には、実子ではないとされる崇徳とその系統を皇統から排除しようとする鳥羽院と、崇徳の院政を恐れる美福門院、室朝子が乳母であった雅仁親王の擁立を図る信西、そしてこの機会に頼長の排斥を企図した忠通らの思惑があったことは疑いないだろう。

頼長、内覧を宣下されず

新天皇が即位した後も、頼長に対する内覧の宣下は行われなかった。内覧は摂関と同様に、天皇の代替わりごとに改めて任じられる地位だったのである。頼長が内覧を宣下されない理由について、長らく家司として仕えてきた藤原親隆から情報を得たのは八月末のことであった。

呪詛の噂

それによると、近衛天皇が死去した原因について、院において巫女の口寄せを行ったところ、天皇の霊は何者かが愛宕山《あたごさん》の天狗像の目に釘を打ち込んで呪詛《じゅそ》したために、眼病を発病して死去したと称した。検分すると果してその釘はあり、美福門院と忠通は、これを忠実・頼長の呪詛と疑った。これに激怒した鳥羽院は頼長の内覧を奪い、事実上の謹慎処分としたというのである。この噂はすでに天下に広まっているし、頼長は家司藤原成隆《なりたか》からも聞いていた（『台記』）。

余りに芝居がかった逸話で、どこまで真実を伝えるのかは疑わしい面もある。しかし、鳥羽院も後継者と恃んだ愛しい皇子の夭折《ようせつ》に動揺していた上に、年来の病気で衰弱していた。そして、家成邸破却事件をはじめとする騒擾を起こし、美福門院・近衛天皇とも対立していた頼長を不快に思っていたと考えられる。こうしたことが重複して、美福門院や忠通の単純な策謀に籠絡《ろうらく》された可能性は十分にある。かくして、政局は大きく変動し、優位に立っていたはずの忠実と頼長は実質的な失脚に追い込まれたのである。

忠実の対策

これに対して忠実は、九月に入ると頼長を物忌みにして謹慎させるとともに、春日で千座仁王講、南都で千座仁王経、賀茂下上両社で万巻心経をそれぞれ修せしめ、東三条殿でも冥道供を修するなど、まず神仏への祈禱を行った。その一方で、高陽院を通して鳥羽院に対し、頼長の内覧任命や皇太子傅《こうたいしふ》への補任を働きかけている。窮地に立った頼長を救済するのは、やはり忠実だったのである。

皇太子傅の人事

皇太子傅は、新東宮守仁の後見役で、守仁の即位に備えた重要な意味をもつ地位であったが、院は皇太子傅への補任を拒絶した。すなわち、皇太子は美福門院の養子だが、頼長はこの三年の間、美福門院に奉仕しておらず、鳥羽の死去後、頼長が皇太子や美福門院に忠節を尽くすとは考えられないとしたのである。日頃からの美福門院との軋轢が、ここでも鳥羽院の心証を害す原因となった。しかし、忠実と高陽院の努力で、しだいに頑な鳥羽院の姿勢にも変化が生ずることになる。

二　孤立と対立の深まり

鳥羽院の変化

十月六日、忠実が頼長の内覧に関する書簡を送ったところ、翌日の院の返事は「御気色、すこぶる和解か」（『台記』）という内容で、院の態度に変化が現れたのである。ついで九日には、氏長者頼長が主催する興福寺の維摩会に際し、頼長から命ぜられた行事弁を拒んだ藤原顕遠《あきとお》に対し、鳥羽院が勤仕を命じている。さらに十一月二十一日の新嘗祭では播磨《はりま》守源顕親が五節舞姫《ごせちのまいひめ》を献上しているが、これは知行国主忠実の奉仕に他ならない。この間の十月十六日、安心した忠実は久方ぶりに宇治に帰った。十一月十日には、頼長に長者宣を下させ、興福寺・金峯山《きんぶせん》・多武峰《とうのみね》における「勘当《かんどう》の輩」を赦免している。おそらく内覧復活を願った恩赦であろう。

高陽院の死去

院との関係が改善された背景には、もちろん忠実と鳥羽院との古くからの信頼関係があったが、同時に高陽院自身が手紙を出したように、彼女の支援も鳥羽院の気持ちをほぐす上で役立ったものと考えられる。ところが、忠実・頼長にとって事態はまたしても暗転する。春以来体調を崩し一進一退の状態にあった高陽院の容体が、十一月ごろから悪化したのである。このため、忠実は同月十三日、二十八日、十二月十一日と相次いで彼女を見舞ったが、ついに女院は十六日に死去するに至った。忠実と頼長は、大事な局面で鳥羽院との重要な仲介役を失い、しかも再度の服喪を余儀なくされたのである。

高陽院葬送の不手際

死去の翌日、播磨守顕親の奉行で葬儀が行われ、遺体は高陽院邸から白河《しらかわ》の福勝院《ふくしょういん》に運ばれて土葬された。しかし、葬儀には不手際があまりに多かった。たとえば、いったんは宇治平等院に運ぶべき遺体をいきなり白河に埋葬したし、福勝院が今熊野神社領の四至《しいし》内にも係わらず、死穢に関係する殯《もがり》を行ってしまった。しかも、埋葬される護摩堂に殯の準備がなく急遽掘削を行ったため、崇徳上皇御所近隣の通行を阻害する有様であった。

こうした不手際は忠通派の家司信範《のぶのり》の『兵範記《ひょうはんき》』にはもちろん、頼長の『台記』にも指摘されている。信範は「偏《ひと》えにこれ入道殿（忠実）御迷惑の至りか」と、忠実の狼狽を混乱の原因としている。またこの日、女房内侍が突然病みついて若王子の託宣を述べ、二十九日には苦悶のうちに死去するという忌まわしい出来事が起こったが、人々はこれを今熊野社の祟りと噂したという（『兵範記』）。

忠実は二十一日には泰子の仏事を顕親に命じて慌ただしく宇治に帰っていった。なお、二十七日には鳥羽院が信西の息子藤原貞憲《さだのり》を使者として、長年連れ添った高陽院を弔う書状を送っている。以後、忠実は鳥羽院に直接働きかけた形跡はない。高陽院の死去による服喪、また鳥羽の健康状態が優《すぐ》れなかったことも一因であるが、同時に両者をつなぐ貴族の不在も大きな原因となった。

藤原実能画像
（「天子摂関御影」宮内庁三の丸尚蔵館蔵）

内大臣実能の離反

鳥羽院との関係が好転しつつあった十一月十六日、忠実は鳥羽《とば》で、頼長の室幸子の兄である閑院流の内大臣藤原実能《さねよし》と対面している。忠実は久安六年（一一五〇）八月の『中外抄』の談話（下巻二十九条）で、実能がつねに高い品位を保って行動し、婿頼長の驕慢さにも立腹することなく、ついに大臣となったことを評価するなど、実能は忠実と深い親交を有した人物であったが、これ以後は疎遠となってしまうのである。

離反の背景

その一因は、幸子の死去によって姻戚関係が消滅したこと、頼長の養女として立后した多子が、近衛天皇の死去によって政治的意味を失ったことなどにもある。しかし、より重要な原因は、実能の妹待賢門院が生んだ後白河が即位した結果、実能が天皇の外戚の立場を回復したことにあった。実能は頼長が望んで果たせなかった守仁の皇太子傅に就任したように、外戚関係を背景として鳥羽院から重用されるようになっており、失脚した忠実・頼長を見限るのも当然と言える。

権中納言清隆の出家

このほか、『中外抄』から忠実との交流が判明する鳥羽院近臣の権中納言藤原清隆《きよたか》も、近衛天皇の病が篤《あつ》くなった久寿二年五月に突然出家してしまった。『兵範記』は重病のためとするが、『台記』には「病なく」して出家したとあり、その後清隆は応保《おうほう》元年(一一六一)まで存命している。こうしたことから考えると、彼が出家した原因は病気ではなく、院近臣と忠実・頼長の板挟みになったためではないだろうか。かくして有力貴族との接触も失って、忠実・頼長は政界において完全に孤立するに至ったのである。

為義一門に対する圧迫

このような政界の動向は、各地の忠実・頼長派の武将にも圧力を加えることになった。すでに、久寿元年(一一五四)十一月には九州において濫行《らんぎょう》した為朝を制止しなかったとして、父為義が検非違使《けびいし》を解官されていたが、翌二年の四月にも為朝に与力した者に対する追捕が命ぜられている。為朝は薩摩に下向《げこう》していたと考えられ、その活動が摂関家領島津荘《しまづのしょう》と関連していた可能性も高い。ついで五月には、当時左衛門尉《さえもんのじょう》の任にあって、京における為義の嫡子であった頼賢《よりかた》が、こともあろうに春日社の訴によって解官されてしまった。あるいは権門内部の矛盾のあらわれかもしれない。

そして同年八月には、武蔵国比企郡大蔵館《むさしのくにひきぐんおおくら》で頼長の腹心源義賢《よしかた》が、甥の義平《よしひら》に殺害される事件が発生している。義平の父義朝《よしとも》はすでに上洛し、鳥羽院近臣として下野守《しもつけのかみ》に抜擢されていた。この事件の背景には武蔵における武士団の内訌《ないこう》も関係するが、同時に鳥羽と結ぶ義朝と、忠実・頼長と結ぶ為義・義賢の対立も大きな意味を有していたと考えられる。九月には、義賢と養子の約束をしていた頼賢《よりかた》がその報復のために下向し、信濃で院領を侵したために義朝に追討される一幕もあった。もっとも、頼賢は同年末の高陽院の葬儀に侍として奉仕しているので、事件は大きな戦闘に発展しないで終わったものと考えられる。

源義賢の滅亡

地方における武士団相互の抗争は、中央政界の対立と結合して激化しつつあった。忠実・頼長のもとには地方武士と連動した武力が存在していたことになり、彼らが孤立し不満分子として存在することは政界に重大な脅威を与えずにはおかなかったのである。

三　保元の乱の勃発

忠実・頼長の孤立

運命の久寿三年（一一五六）、すなわち保元元年に入ると、保元の乱に至るまでの忠実の動向を窺い知る史料は存しない。おそらくは宇治《うじ》で再起を期していたのであろう。頼長の孤立はもちろん相変わらずで、五月二十一日に室幸子の一周忌法要を行った際にも、行香の公卿が不足して四位が列する有様であった。この日は、儀式・行事を行うと一門が滅亡するとされる滅門日で、敢えてこの日を法事に用いたところに追い詰められた頼長の自棄的な意識が感じられる。

鳥羽の重病

こうした中、年来病弱であった鳥羽院が重病に陥った。かねてから「不食」であった院は五月末ごろにはすでに絶望と考えられたためか、回復の祈禱もなされず、ただ「ひとえに御万歳の沙汰」が行われていたという。「御万歳」とは貴人の死去を意味し、死後の準備が行われたことになるが、それは単なる葬儀の問題ではなく、不満分子の対策をも意味していた。六月一日、左大将藤原公教が、「一向御万歳の沙汰を奉行」した際、院御所の鳥羽殿には北面の武士源光保《みつやす》と平盛兼《もりかね》が、そして後白河天皇の内裏《だいり》高松殿には下野守源義朝と一門の義康が動員され、警護に当たったのである（以上『兵範記』）。

政情不安の原因

『愚管抄』によると、当時の貴族たちの多くは鳥羽院没後に兵乱が勃発することを予想していたという。同書にその理由は明記されていないが、当時の王家のあり方を考えれば、当然のことと言えよう。すなわち、政界の頂点に立つ鳥羽院が死去すれば、残されるのは中継ぎとして皇位に就いた後白河《ごしらかわ》天皇と、まだ年少の皇太子守仁《もりひと》で、彼らには十分な政治的権威はなく、王権の弱体化は不可避であった。そうなれば、不満分子の崇徳院、忠実・頼長らを抑圧することは様々な面で困難とならざるをえない。崇徳《すとく》には有力な皇子があり、院政を行う可能性も消えていないし、忠実・頼長には摂関家主流としての権威と、武士団・悪僧を始めとする強大な武力があったのである。

不満分子の挑発

鳥羽・後白河側がいちはやく武力を動員した目的は、忠実以下の不満分子に備えることにあったが、それは防禦のためではなく、むしろ彼らを挑発して謀叛に追い込み政治的に葬り去ることにこそ真の目的があった。ここに乱の勃発の直接的原因があったのである。ただ、鳥羽の存命中は主として崇徳に対する抑圧が行われている。崇徳は六月三日に鳥羽の御所に御幸しても対面できず、臨終に際しても鳥羽との最後の対面を拒まれたが、これは崇徳を王家の異端分子として排除したものと考えられる。このように、鳥羽存命中に崇徳に対する処置がなされたことは、王家の問題を鳥羽の権威で解決したこと、また鳥羽が崇徳を嫌悪していたことと無関係ではあるまい。

鳥羽院の死去

　鳥羽院は七月二日に鳥羽安楽寿院御所で死去した。以後、抑圧・挑発の対象は忠実・頼長に集中することになる。鳥羽は崇徳を忌避したが、忠通による近衛退位工作を嫌悪した面があったように、忠実・頼長に対する抑圧は慎重であった。このことと、抑圧が院の死去後に発生したこととは深く関係するのではあるまいか。こうしてみると、院の死去によって忠実・頼長は復権の可能性を奪われ、その運命を決定されたと言えよう。

鳥羽安楽寿院

頼長に対する抑圧

　その後の経緯は橋本氏の著書（『藤原頼長』）にある通りである。『兵範記』によると七月五日に天皇の命で平基盛《もともり》以下の検非違使が動員され、翌日彼らは在京していた頼長の家人で大和源氏の源親治《ちかはる》を追捕している。八日には諸国司に対し、忠実・頼長が荘園から武士を動員することを禁ずる通達が出された。そして同日、義朝の武力によって頼長の邸宅東三条殿が没官《もっかん》され、邸内で祈禱していた平等院の僧勝尊《しょうそん》が逮捕された。

『保元物語《ほうげんものがたり》』は、この押収で謀叛《むほん》が発覚し、十一日に頼長を肥前に配流することが決定されたとする。『兵範記』は「子細《しさい》、筆端に尽し難し」と曖昧《あいまい》に記述しているが、邸宅の没収はすでに罪人としての処遇であり、『保元物語』の通り謀叛人として処罰が決定した可能性が高い。こうして、忠実・頼長に行動する暇も与えず、後白河側は一気呵成《いっきかせい》に頼長を謀叛人に仕立て挙げたのである。もはや、頼長には座して配流に従うか、挙兵して頽勢《たいせい》を挽回するかのいずれかの道しか残されていなかった。

頼長の挙兵

当時、頼長は忠実とともに宇治にいたが、天皇と戦う大義名分を得るため、同様に政界の中枢から排除されていた崇徳上皇と結合し、挙兵することになった。追い詰められた崇徳と頼長は、急遽結合したのである。七月九日、崇徳は白河にある前斎院統子の御所に入り、翌日の夜には頼長も宇治より平忠正《ただまさ》・源頼憲《よりのり》を率いて合流した。

忠実の思惑

忠実は頼長を見送り、兼長・師長をはじめとする頼長の子息たちとともに、宇治にとどまった。手塩にかけた武士団や悪僧の武力への期待と、春日明神の加護が得られず夭折した父師通の運命などが交錯しながら、忠実の脳裏を過《よぎ》ったことだろう。同時に老練な忠実は、頼長が敗北した場合の対策も想定していたに相違ない。

第十二　幽閉と死去

一　頼長の敗北

源為義の参入

後白河側は、検非違使によって京中を厳戒したほか、内裏・鳥羽を警護するなど、もっぱら防御を固める態勢をとり、白河に入る頼長一行を追捕する動きはなかった。やがて、長男義朝《よしとも》との対立を避けて参入を躊躇《ためら》っていた為義《ためよし》が崇徳からの説得を受けて、子息頼賢《よりかた》・為朝《ためとも》以下を率いて合流した。この結果、忠実・頼長に仕えてきた主要な武士たちがいずれも顔を揃えることになった。しかし、武士たちはいずれも「勢スクナナル者」（『愚管抄』）ばかりであったし、軍勢としては最も大規模と考えられた信実《しんじつ》以下の興福寺悪僧、それに随伴する大和源氏以下の武士団は十日には間に合わなかった。

信実以下の興福寺悪僧の来援が間に合わなかったことは、忠実・頼長が直前まで挙兵の準備を行っていなかったことを意味する。状況の変化は、彼らの予想をはるかに越えていたのである。悪僧は、本来自身の寺院の既得権益の擁護のためにのみ蜂起しており、氏長者の危急とはいえ、世俗の抗争に参戦しようとしたのは初めてのことであった。治《じ》承《しょう》・寿永《じゅえい》の内乱における平氏との抗争の先駆けとも言える。忠実による悪僧掌握の強力さが窺われるが、反面では悪僧の中に世俗抗争への参戦に反発があった可能性もあり、それが来援の遅延につながったのかもしれない。

崇徳・頼長の武力

このように、崇徳・頼長側の武力は、崇徳の側近平正弘一族を除けば、頼長の家人《けにん》である源為義・頼賢父子、源頼憲《よりのり》や平忠正《ただまさ》の一族、摂関家領荘園の武士、そして興福寺の悪僧からなっていた。したがって、忠実が政界に復帰した時代から培われてきた摂関家の私的武力が、崇徳・頼長側武力の中心であったことになる。彼らが頼長の危急に際して参戦したことは、忠実の時代以来の結合の深さ・強靭さを物語るものである。また同時に、院政を行えない上皇の無力も露呈されていると言えよう。

後白河側の武力

これに対し、後白河天皇側は早くから有力な源平の武士団を組織したのを始め、検非違使、地方武士をも動員していた。この三種類の武力の動員は、院政期の大規模な強訴などに際して院によって行われてきたもので、検非違使・国衙などを動かすことからもわかるように、国家権力を介した動員形態であった。したがって、後白河側は国家権力を用いて、非常時における伝統的な武力動員を行ったことになる。

以上のことから明らかなように、両陣営の武力は乱の直前に偶発的に編成されたものではなかった。すなわち、後白河陣営は国家権力によって動員された武力で、そして崇徳・頼長陣営は摂関家が有した私的武力で、それぞれ戦闘に臨んだのである。言い換えれば、保元《ほうげん》の乱は国家権力と、権門《けんもん》としての摂関家の衝突だったことになる。その意味では、当初から乱の勝敗は決していたと言ってよい。

頼長の軍議

『兵範記』によると、七月十日夜、頼長は崇徳と額を合わせて合議し、その場には崇徳の判官代《はんがんだい》に任ぜられた為義も呼ばれたという。こうしたありありとした叙述は、のちに降伏した右京大夫藤原教長《のりなが》の供述によって作成されたものと考えられる。この時、『保元物語』では為朝が、『愚管抄』では為義が、夜襲による先制攻撃を献策したとされる。史料の性格、『兵範記』の記述、そして五位の元検非違使であった為義と無官の為朝という二人の身分の相違から考えても、実際には為義が献策したのであろう。

『保元物語』によると、頼長はこの献策を尊大な態度で拒否したとされる。事実とすれば、それは単に武士を見下した結果というだけではない。一つには同書にあるように興福寺悪僧の来援を待つ目的があったし、また為義と主従関係にあるだけに、その意見

後白河側の圧勝

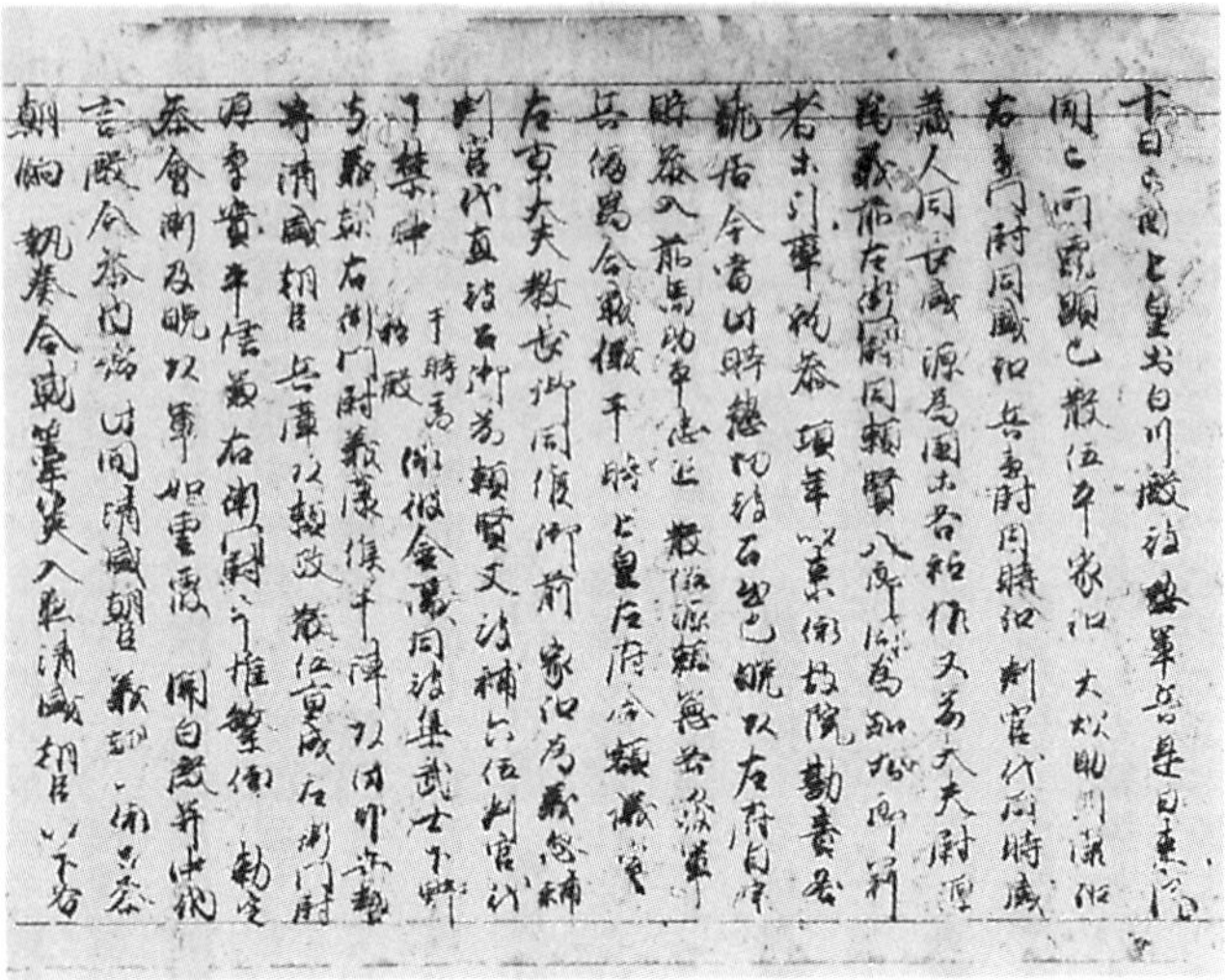

保元元年７月10日条(自筆本，陽明文庫蔵)

の可否も自身が決定するという意識もあったと考えられる。また、軍勢が僅少なだけに、防禦を中心とする態勢をとらざるを得なかったし、何よりも合戦を一種の政務、すなわち儀式と考え、夜襲のような無法な騙《だま》し討ちを却下したのである。

これに対し、信西を参謀とする後白河陣営では、勝利を至上目的として、坂東《ばんどう》で自力救済による合戦に明け暮れてきた義朝の作戦が受容された。そして十一日未明、平清盛《きよもり》・源義朝・同義康《よしやす》による先制攻撃が敢行されたのである。数にまさる後白河側は、合戦が長引くと源頼政《よりまさ》・同重成《しげなり》・平信兼《のぶかね》らの第

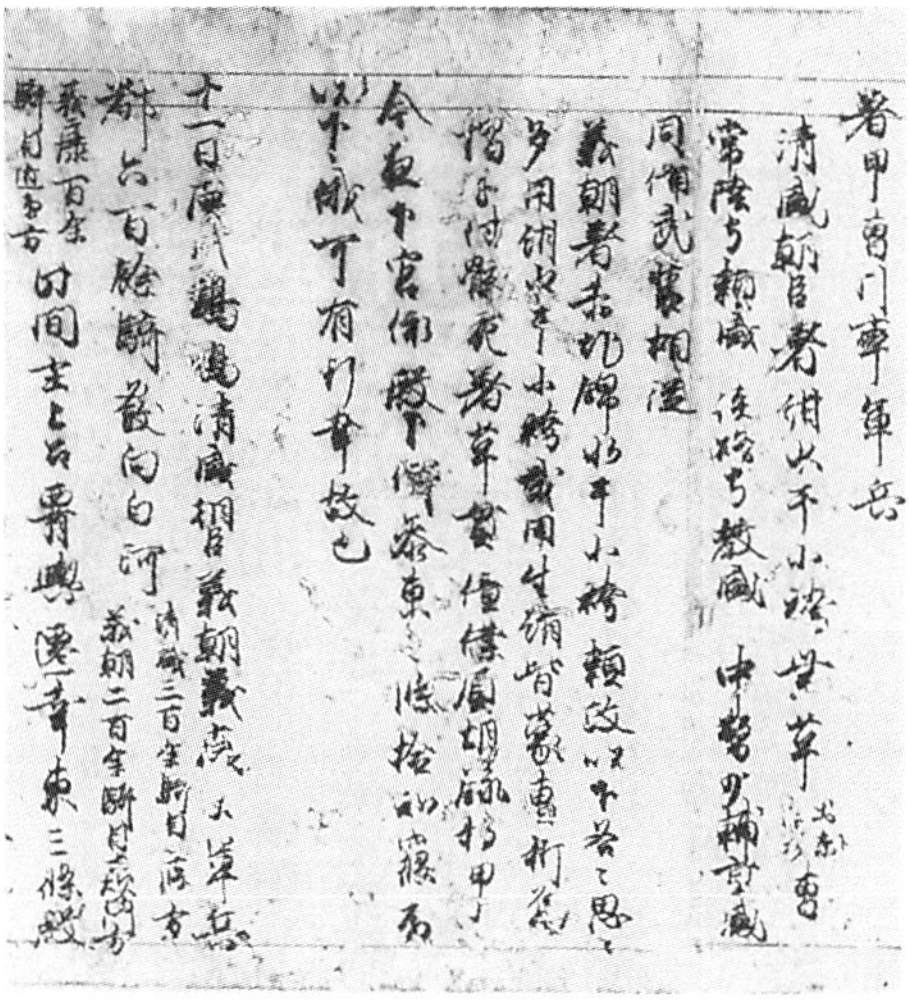

『兵範記』

二陣を投入し、さらに放火戦術までも用いるに至った。この結果、為朝をはじめとする諸将の善戦空しく、崇徳・頼長側は惨敗を喫したのである。崇徳はもちろん、為義以下の武将たちも後白河側の追捕を逃れて戦場を脱出することになる。周知の通り、頼長は首に流れ矢を受けて重傷を負いながら、父忠実のいる南都に向けて逃走していった。

忠実は南都に脱出

『兵範記』によると、忠実はすでに十一日のうちに頼長の敗戦を知って、急いで宇治から南都に逃れたという。それ以後のことは『保元物語』に頼るしかないが、忠実は南都において自派の興福寺僧尋範《じんぱん》や悪僧信実《しんじつ》たちを招集したほか、近隣の武士を集めて官軍に備えた。このため、忠実が謀叛を計画しているとする噂が流れたが、これは実は官軍に対する防御であり、叛意はなかったという。事実とすれば、敗戦後の方策を考えるために時間を稼ごうとしていた可能性が高い。その忠実のもとを訪れたのが、重傷を負った頼長からの使者だったのである。

二　非情の決断

頼長の逃亡

戦場を逃れたあとの頼長の行動については、のちに朝廷に出頭した興福寺僧玄顕《げんけん》の言葉から判明する（『兵範記』）。頼長は十一日に合戦で重傷を負ったあと、翌日は西山《にしやま》付近に隠れ、十三日に大井川《おおいがわ》（桂川）で乗船し、合流点から木津川《きずかわ》を遡って奈良の忠実のもとに逃れてきたという。なお、『保元物語』では奈良到着を十二日としており、一日の相違があるが、死を前にした頼長が忠実と最後の対面を果たすために、使者として図書允俊成《ずしょのじょうとしなり》を派遣したとするのは事実であろう。

対面の拒否

しかし、忠実はあれほど可愛がり、忠通を義絶してまで摂関に就任させようとしてきた頼長の最後の望みを拒んだ。『兵範記』は「知ろし食さざるにより」とすげなく記しているが、『保元物語』は「氏長者《うじのちょうじゃ》タル程ノ人、兵仗ノ前ニ懸ル事ヤ有。サ様ノ不運ノ者ニ対面セン事、コツナカリナン」と述べたとする。ここには、「不運」、すなわち死に見舞われる者は、父の師通と同様に春日大明神に見捨てられた者として忌避する、運命的な諦観が示されている。

摂関家領の保全

同書ではさらに、頼長を見取った藤原経憲《つねのり》を招いて頼長の最期を尋ね、父としての無念を示す場面がある。そこで忠実は、「今度ノ合戦ニ、白河殿ニ参籠タリツル輩、源氏・平氏、サモ可然者《しかるべきもの》ハ一人モ不討聞《うたれずとき》ク。公卿殿上人、北面ノ輩ニ至マデ参籠タリケルト聞ヘシニ、誰カハ被打《うたれ》タル」と述べて、公卿・有力武士の中で、頼長ただ一人が戦死したことに対する無念を強調している。

しかし、忠実は何も頼長が春日明神に見捨てられたがために対面を拒んだわけではない。早くも十五日に書状を忠通に届けている（『兵範記』）ように、忠実は乱後の処理に立ち上がっていたのである。書状の内容は不明だが、以後の事態の推移から考えると、忠通を通して朝廷に自身の中立を認めさせるとともに、摂関家領の保全を図ろうとしたものと考えられる。ここに忠実が頼長を敢えて拒絶した真の目的があった。保元の乱における中立を主張するためには、敗走してきた頼長との接触は絶対に回避しなければならなかったのである。ここに忠実の摂関家の保持に対する強い執念、そして現実政治家としての強か《したた》さが明示される。

謀叛人として の扱い

忠通に働きかけたものの、十七日に出された後白河天皇の綸旨《りんじ》には「宇治入道（忠実）、なお庄々の軍兵を催《もよお》さしむの由、其《そ》の聞えありてえれば、件《くだん》の荘園ならびに左大臣の所領、たしかに没官せしめ、彼の奸濫《かんらん》、朝家乱逆を停止せしむべし」とあって（『兵範記』）、忠実が不穏な動きを示したことを理由に、頼長領とともに彼の荘園を没官せよとする命令が下されている。軍兵の動員とは、『保元物語』に見えた南都における兵力動員の噂を反映したものかもしれない。そして、忠実・頼長領の公卿以外の預所職は国司の管理とすることも命ぜられた。これは有力武士や悪僧といった、荘園支配のための武力として配置されていた預所が壊滅したことを意味するものである。

翌十八日の綸旨でも、「左大臣及び入道前太相国《さきのたいしょうこく》、謀《はか》りて国家を危《あや》ぶめ奉る罪科《ざいか》軽からず」として、所領の没官が命じられており、忠実は依然として謀叛人とされていた。

忠通との連係

また、この綸旨では忠通に対し氏長者として宇治の所領と平等院を管理することが命ぜられており、十一日に通達されながら引き延ばしていた氏長者宣下《せんげ》の受諾を迫る意味もあった。翌日、忠通は氏長者就任を受諾する（『兵範記』）。この結果、かつては摂関家内部で決定できた氏長者の人事も、朝廷に左右されるに至ったのである。

それはともかく、忠実・頼長の所領が没収されれば、摂関家領の大半が失われることを意味しており、その阻止のために忠実と忠通は長年の確執を超えて全力を尽くさなければならなかった。結局、二十日になって忠実は、本来忠通領から近年改変した荘園と高陽院領の、合計百余所の荘園目録を忠通に献上することになる。忠実知行分を、頼長の荘園と区分して忠通に譲渡したのである。おそらく、この間の忠通の奔走で、乱における忠実の中立や、その荘園を忠通領とすることなどが朝廷に容認されたのであろう。そして、二十三日と翌八月二十九日の二回に分けて、新沙汰人（預所）の補任を命ずる政所下文《くだしぶみ》が下されている。前者は氏長者領として忠通が継承した荘園の、そして後者は忠実から返還された荘園に関する沙汰人の補任《ぶにん》ではないだろうか。

摂関家の打撃

こうして忠実領の没収という最悪の事態は回避されたものの、一連の措置を通して摂関家が大きな打撃を受けたことは疑いない。まず、謀叛人の財産処分を介して摂関家領内部に対して公権力が介入したし、公卿以外の預所の解任は武士を始めとする荘園支配のための暴力装置の解体を意味する。そして、忠通は所領問題を通して、宣旨《せんじ》による氏長者補任の承諾を受け入れざるを得なかった。こうして、摂関家の自立性は著しく損なわれることになったのである。

三　籠居と死去

罪人から除外

七月二十七日、保元の乱に関する罪名が宣下されたが、宣旨で国家を危ぶめたとされたのは崇徳上皇と頼長で、忠実は罪人から除外されている（『兵範記』）。『保元物語』は、後白河天皇の命として信西が忠実配流を通告したが、忠通が摂政辞任を申し出て抵抗したために罪を免除されたとする。真偽の程は不確かだが、摂関家抑圧を企図した信西が忠実の処罰を主張した可能性は高い。

もし忠実が罪人となれば、荘園の帰趨《きすう》ばかりではなく、その子である忠通の立場、そして摂関家の政治的地位にも悪影響を与えるだけに、忠通の抵抗も当然と言える。また、忠実が曲がりなりにも中立であったこと、当時七十九歳という高齢で、すでに歩行も困難となり、輿《こし》・藁座《わらざ》を利用していた（『今鏡』）という健康状態も考慮されたのであろう。

頼長の子息の配流

こうして忠実は救われたものの、そのもとに保護されていた頼長《よりなが》の子息、兼長《かねなが》・師《もろ》長《なが》・隆長《たかなが》らは、南山城《みなみやましろ》の稲八間庄《いなやづまのしよう》から諸国に配流されていった。このうち、兼長・隆長は若くして配流先で死去したが、師長のみが長寛《ちようかん》二年（一一六四）に土佐《とさ》から帰京し、後白河の側近となって治承《じしょう》元年（一一七七）には太政大臣にまで昇った。しかし、二年後の治承三年政変で再度配流されて出家を遂げるという激動の運命を辿っている。この師長も含めて頼長の子供たちの子孫は断絶しており、頼長の系統は政界から消滅することになる。

為義以下の処刑

また、降伏した為義以下の武士たちには、一族による処刑という過酷な運命が待っていた。これまでも反乱鎮圧に際して謀叛人の殺害はあったし、武士はもちろん摂関家内部でも私刑として死刑は見られた。しかし、反乱でも降伏した者を処刑することはほとんどなく、公然と死刑が行われたのは異例の事態であった。事件の意味の大きさ、また摂関家の武装を徹底的に解体しようとする院近臣側の意図などが介在していたものと考えられる。

知足院への幽閉

さて、忠実は当初宇治か南都への居住を希望したが拒否され、洛北《らくほく》の知足院《ちそくいん》に幽閉されることになったという（『保元物語』）。からくも配流を免れたとはいえ、その立場は実質的には罪人としての幽閉というべきものであった。知足院は船岡山《ふなおかやま》西北・紫野雲林院《うりんいん》付近（現在の大徳寺）にあった寺院で、仁平《にんぴょう》三年（一一五三）、忠実は晩年の愛妾となった播磨のために堂を建立している。播磨については第十四で後述するが、彼女はこのころから

知足院での生活

藤原経宗

船岡山付近の景観

南側から見た景色。麓まで市街化した現状から，往時を偲ぶのは難しい。

忠実と行動を共にすることが多く、幽閉されたあとも忠実に仕えて、その最期を見取ったと考えられる女性である。

知足院における忠実の生活は、むろん政治とは無関係であった。ただ、外部との接触はそれなりにあったようで、語録『富家語《ふけご》』を筆録した家司高階仲行《たかしなのなかゆき》は、忠通・基実《もとざね》にも奉仕して連絡役を兼ねていたし、同書にも時折訪ねてきた基実との会話や、忠通から儀式に関する質問を受けたことが見える。また、『愚管抄』によると、師実の孫で、二条天皇の外伯父であった大納言藤原経宗《つねむね》が、忠実のもとにたびたび使者を送って政務を習い、忠通から警戒されたという。経宗は平治の乱後一時失脚したが、後白河院政期には公事《くじ》に通じた左大臣として活躍し、子孫の大炊御門《おおいみかど》家は大臣家としての地位を確立することになる。この背景には忠実の教命が関係していたのである。

一方、勝者となった忠通は多数の知行国と荘園を獲得し、長年信実《しんじつ》の前に呻吟《しんぎん》してきた子息覚継《かくけい》を興福寺別当に据え、忠実・頼長の手から摂関家の中心という立場を奪還するに至った。しかし、先述のように氏長者が宣旨で任命されたり、摂関家領に院の権力が介入するなど、摂関家の政治的自立性は著しく低落していた。結局、勝利は信西や美福門院にもたらされたものに過ぎず、忠通は無力であった。

無力な忠通

当時の彼の立場を象徴する事件が保元三年（一一五八）に起こっている。四月の賀茂祭の際、関白忠通の見物する桟敷の前を通過しようとした、後白河天皇の近臣藤原信頼《のぶより》一行を忠通の随身らが咎めたことから乱闘が発生するに至った。これを耳にした後白河は、忠通を閉門、その家司平信範《のぶのり》・藤原邦綱《くにつな》を解官するという、摂関家に一方的に責めを負わせる処罰を加えたのである。第十でふれたように、仁平元年（一一五一）に頼長が鳥羽院近臣藤原家成の邸宅を破却した際、鳥羽院は頼長を嫌悪するようになったものの、処罰することはできなかった。これと比べれば、摂関家の政治力、権威の低落は覆いようもない。

基実の関白就任

保元三年八月、後白河から二条への譲位に伴い、忠通は長男基実に関白を譲渡した。忠通はついに宿願の実子への関白継承を実現したのである。時に基実はわずか十六歳で、史上最年少の関白の登場となった。このことは、基実に関白を継承させようとした忠通の執念と、政治力のない少年でも任じられるようになった関白の地位の形骸化を物語っている。その後、忠通は基実を後見しながら大殿として活動したが、これは後白河院と二条天皇の対立でいわば漁夫の利を得る形で発言力を有したものに過ぎない。

平治の乱

平治《へいじ》元年（一一五九）に発生した平治の乱でも、摂関家の政治的な無力は明白であった。乱は、旧鳥羽院近臣の中心で、保元の乱後の政界を主導していた新興勢力の信西一族と、伝統的な院近臣家に属する藤原信頼・同成親《なりちか》・同惟方《これかた》らの対立から勃発した。源義朝の武力で信西を打倒した反信西派は、信頼らの後白河院政派と惟方らの二条親政派に分裂し、後者が平清盛と結んで前者を打倒したのである。この経緯が示すように、もはや摂関家は政治の動向に強い影響を与えることはできなかった。信頼に幽閉されていた二条天皇が六波羅の清盛邸に脱出した際、それを聞きつけて参入した忠通・基実父子に清盛がすげない対応をしたとする『愚管抄』の挿話は、彼らの立場を象徴するものと言える。

忠通のもとの摂関家は、保元の乱において家人として組織した武士を喪失し、また興福寺も、別当となった覚継改め恵信《えしん》の力量不足で寺内も統制できない状態となり、悪僧の武力を動員することも困難となっていた。摂関家は独自の武力を失い、摂関・氏長者の地位も院・院近臣などに左右されるようになっていたのである。剝《む》き出しの武力による政争が激化しつつあった当時、その政治的影響力が後退するのも当然と言えよう。

忠実の死去

忠実が死去したのは、応保《おうほう》二年（一一六二）六月十八日のことであった。時に八十五歳、波瀾に富んだ長い生涯を幽閉先で閉じたのである。長く確執を続けた忠通も、この十日前に法性寺《ほっしょうじ》で出家している。父の危篤の報に恩讐《おんしゅう》を越えた衝撃を受けたのであろうか。あるいは保元の乱後の頽勢の摂関家を背負って、父の立場が理解できたのであろうか。

忠通の死去

忠通が死去したのは、その二年後の長寛《ちょうかん》二年（一一六四）二月十九日のことであった。享年六十八歳、父の長寿に及ぶことはなかった。

平清盛の摂関家領押領

忠通の死後、基実は平清盛の娘盛子を正室に迎え、摂関家は平氏一門との提携を深めてゆく。保元の乱で解体された武力の替わりを平氏に求めることになったのである。しかし、かつての忠実な武士団と異なり、独自の強大な政治力をもつ平氏一門は、逆に摂関家の家産機構を深く蚕食《さんしょく》してゆく。そして、忠通の死去からわずか二年後、基実が二十四歳の若さでこの世を去ると、摂関家家司藤原邦綱《くにつな》の献策を受けた平清盛は、摂関家領を事実上奪取することになるのである。

第十三　著述と思想

一　日記『殿暦』

日記と語録

忠実は日記『殿暦《でんりやく》』と、語録『中外抄《ちゅうがいしょう》』『富家語《ふけご》』を残している。現存する『殿暦』の記事は承徳《じょうとく》二年（一〇九八）から元永《げんえい》元年（一一一八）までで、忠実が権大納言から摂関の任にあった時代にあたる。また『中外抄』は、保延《ほうえん》三年（一一三七）から仁平《にんぴょう》四年（一一五四）までの、そして『富家語』は久安《きゅうあん》七年（一一五一）から死去の前年である応保《おうほう》元年（一一六一）までの語録で、前者は中原師元《なかはらのもろもと》、後者は高階仲行《たかしなのなかゆき》という、ともに故実に通じた家司《けいし》たちが筆録している。

この三者が作成された年代を比較すると、ちょうど内覧《ないらん》・摂政・関白として活躍した時代に『殿暦』が、鳥羽院政期に摂関家の大殿として復権した時代に『中外抄』が、そして保元の乱後の失意の時期に『富家語』が、それぞれ記述・筆録されており、彼の生涯の三つの大きな段階に対応することになる。ここでは、それらの特色、内容などを簡単に紹介し、そこから窺える忠実の思想や人物像などにもふれることにしたい。

『殿暦』の呼称

まず、日記『殿暦』を取り上げる。忠実の日記の名称には、幽閉先にちなむ『知足院殿記』『知足院関白記』などもあるが、頼長の『台記』にもその名が見えるように、『殿暦』という呼称は忠実の生前から定着していたようである。「暦」という文字からも、本来は具注暦に記されたものと考えられているが、原本は存在せず、現存最古の写本は文永《ぶんえい》四年（一二六七）に近衛《このえ》基平《もとひら》が筆写した陽明《ようめい》文庫所蔵のものである。なお、写本の性格や伝来などについては、『大日本古記録』の解題で詳細に分析されている。

記述・文体は道長の『御堂関白記《みどうかんぱくき》』、父師通《もろみち》の『後二条師通記《ごにじようもろみちき》』などと同様にごく簡潔なもので、主要な儀式の概要を述べるに過ぎない。実務官僚を経験した藤原宗忠《むねただ》の『中右記《ちゆうゆうき》』が、儀式の内容をはじめ、薨伝《こうでん》・卒伝《そつでん》や社会全般の動きにいたるまで、詳細に記述しているのとは好対照と言えよう。

日記についての考え方

こうした執筆姿勢の背景として注目されるのが、『中外抄』上巻八十三条（以下上八三と表記する）に記された日記についての考え方である。忠実が学んだ祖父師実の仰せによると、日記に多くを記すのは無益で、それは「失礼」の原因であるとする。また、政務の作法は『西宮記《さいきゅうき》』『北山抄《ほくざんしょう》』と先祖の日記を見れば十分で、他の日記は無益としている。さらに日記には他人の失策も書くべきではなく、ただ公事についてきちんと記すべきである。小野宮関白実頼《さねより》は日記を秘匿《ひとく》したために子孫は栄えず、公開した九条師輔《もろすけ》は子孫が繁栄したとする。

頼長に対する批判

この談話は、忠実の日記に対する考え方を示す点で興味深いが、同時にこれが久安四年（一一四八）の述懐であった点も忘れてはならない。当時、忠実の支援を受けた頼長は養女多子の入内工作を行っており、頼長の摂関就任も間近かと考えられていた。その頼長の日記『台記』が、主観的で他者に対する批判に満ちた、きわめて詳細な内容であったことを考えれば、忠実の談話は頼長に対する厳しい批判ともなっている。むろん、その日記を直接に目にしたことはないだろうが、後継者として頼長に期待するがゆえに、言動などから感じた頼長に対する不満をおのずと漏らしたのではないだろうか。

また、この述懐は後年のものだが、『殿暦』の基本的な執筆姿勢にほぼあてはまるものである。それだけに、先述のように、興福寺問題の深刻化とともに記述を中断したり、藤原璋子入内問題に詳細な批判を記した点は、彼の大きな動揺や不満を物語るものとして注目する必要があるだろう。

日記の断絶

そして、第六でも記したように、彼は白河院や院近臣との対立が厳しくなる中、元永元年暮れを最後に日記の筆を折った。このことは、嫡男忠通への関白譲渡の意志のあらわれであるとともに、「公事をうるはしく」書いてばかりいられなくなった政治的立場と、追い詰められた心情を示すものではないだろうか。

二 『中外抄』の思想

つぎに、『中外抄』から浮き彫りにされる忠実の思想や人物像、人間関係などを紹介することにする。なお、本書および『富家語』の写本の伝存状態や、内容の大きな特色、筆録者の中原師元・高階仲行の立場や生涯などについては、『江談抄　中外抄　富家語』(新日本古典文学大系)所収の池上洵一氏による詳細な解説を参照して頂きたい。

師実の強い影響

先述のように、本書に収録された談話は、鳥羽院政下で忠実が摂関家の最高実力者として大きな政治的影響力を有した時期のものである。それだけに、現実の政務や儀式に関する知識が多く見える。こうした口伝・教命の大部分は、第一でも述べたように祖父の師実より習得したものであり、早世した父師通の影響は乏しかった。このことは、師通が重視し、その学問の師でもあった学者大江匡房《おおえのまさふさ》に批判的であった（下一二）ことにも通じる。

忠実が師実から継承した教命・口伝は、次代の摂関家を担う立場にあり、本書の中にも度々登場する頼長に伝達された。したがって、本書の内容は摂関家に伝わる重要な故実、さらに忠実の政治家としての心構えや考え方を知る上では興味深いものと言えよう。なお、本書は頼長の養女多子の入内工作が始まる年である久安四年（一一四八）の閏六月を境として上下の巻に分かれており、上巻には八十七、下巻には五十八の談話が収録されている。

長寿を重視

本書においてまず注目されるのが、忠実の長寿に対する意識である。上二九の保延六年（一一四〇）七月の談話によると、彼は若いころ法輪寺《ほうりんじ》に「文の道」の修行のため寿命を縮めることを祈ったが、外伯父の藤原宗俊《むねとし》らに諭《さと》されて断念し、ついに父祖の年齢を越えたとする。また上六二の康治二年（一一四三）十月の談話でも、十三歳で出家を思うが二十二歳で父の死去に会ってから春日明神に寿命を祈り、以後五十年を経たとする。父師通の夭折と摂関家の衰退を思うにつけ、長寿の重要性を痛感したのであろう。下三六では、九十一歳の天寿を全うした母全子の長命と精進にふれている。

神威に対する関心

また、上巻では春日明神のほか、東三条殿の守り神である角・隼《はやぶさ》、あるいは園城寺《おんじょうじ》と関係深い新羅明神《しんらみょうじん》の霊験など、神威や怪異に関する記述が多く見られる。春日明神の加護が得られなかったために師通が早世したとされるように、寿命と神の加護とは密接に関係すると考えられており、寿命に対する意識とこうした談話とは無関係ではありえない。第十二で記したように、保元の乱における頼長の戦傷死を、春日明神が見放した結果として、忠実が運命的に捉えたとする『保元物語』の理解は、十分根拠のあることと言えよう。ただし、こうした怪異・神威に関する談話は上巻に目立つが、忠通との対立をはじめ、政情が厳しくなっていた時期に筆録された下巻ではしだいに姿を消すことになる。

学問を重視せず

一方、忠実の政治と学問に関する考え方も注目される。先にふれた上二九の談話によると、忠実は宗俊らから道長・頼通・師実は学問に優れてはいないが、「やむごとなき人にておはしませし」と説得され、学問を断念したという。また、忠実は下二、同三〇では大江匡房が摂関にとって漢詩作を無意味とし、公事や「やまとだましひ」(実務処理能力)を大切としたことを記している。このように、忠実は政治と学問を区分し、摂関の当主に学問は必ずしも必要ないとする態度を示したのである。むろん漢詩文を作成する文章道と、治世者の学である頼長の経史の学とは性格を異にするが、先にも引用した日記に対する考え方などとともに、忠実と頼長の間の微妙な意識の乖離も看取できる。

頼長との緊張関係

また頼長も、天養《てんよう》元年（一一四四）の御灯の祓《はらい》について、忠通の指示に従って忠実に反論したり（上六六）、久安六年（一一五〇）に氏長者として行った盆拝の回数についても『江家次第』を引用して忠実と鋭く対立する（下一二一）など、忠実の教命に独自の知識で応酬することもあった。忠実と頼長の父子関係は、政治的には密接に連繋《れんけい》しながら、一面では緊張感を孕んでいたことが窺知されるのである。

道長らの逸話

このほか、代々の摂関、とくに兼家・道長・頼通などの全盛期の摂関や、その当時の為政者に関する逸話も少なくない。師実が上東門院から聞いたとする一条天皇の慈悲の逸話（上四）は、当時を理想化する意識を物語る。道長に関する話題で興味深いのは、触穢《しょくえ》は後朱雀《ごすざく》天皇より忌まれたもので、道長は穢《けがれ》を忌《い》まなかったとする点である（上一八）。貴族社会で厳重に守られたとされる死穢以下の禁忌に、道長が束縛されていなかったことになる。また、仁海《じんかい》僧正は雀などの鳥を食したが験があったとする点（上二一）を考え合わせるならば、忠実も禁忌を絶対視せず、効果の有無で判断していたと言えよう。これらは白河院政期以降の禁忌の増加に対する批判とも考えられる。

「近代」への批判

このほかにも、単なる過去の追憶に止まるものではなく、同時代の政治・儀式に対する批判をも意味する談話が散見している。たとえば、大臣・大将の行幸供奉における装束に対する批判（上一〇・一一）は、かつて摂関家が独占していた大臣・大将に村上源氏一門や源有仁らが進出したことと無関係ではない。また、「近代」の男性の衣装を「あさましき」（下二七）とまで痛罵《つうば》した背景には、摂関全盛期への復古という意識と、当時高位高官を占めつつあった院近臣に対する痛烈な批判も含意されていたと考えられる。

忠通への批判

下巻に入ると忠通に対する不満が頻出する。まず、近衛天皇への入内問題で対立を先鋭化させつつあった久安五年三月には、天文密奏の際に忠通が天文博士と対面しないことを「もっとも不便」と厳しく批判し（下一五）、翌年には忠通による興福寺悪僧相互の裁判について不満を漏らしている（下二五）。さらに、仁平元年（一一五一）には内裏の焼亡に際して、後三条天皇と比較して、近衛天皇と摂政忠通の権威の低下を嘆くに至った（下三九）。これが、天皇を代行して国政を担当する摂政に対する最大の非難であることはいうまでもないだろう。

藤原清隆との交流

本書から忠実との交流が判明する人物の中に、第十二でふれた鳥羽院近臣の藤原清隆《きよたか》がいる。彼は藤原氏傍流の良門流に属し、父隆時《たかとき》が白河院近臣だったことから白河・鳥羽両院の信任を受け、丹波《たんば》・讃岐《さぬき》・播磨《はりま》などの大国受領を歴任し権中納言に至った。忠実は院近臣たちと鋭く対立したが、清隆の室家子が忠実の異母弟家政《いえまさ》の娘であったことから両者は親しく、忠実もその邸宅に赴くことがあった。

忠実は清隆邸において、高野山《こうやさん》の僧覚鑁《かくばん》が天狗の化身であることを見破ったと語っているし（下五二）、仁平四年四月には数日にわたって鳥羽《とば》の清隆邸に滞在したという（下五四）。康治元年（一一四二）正月、清隆が正四位上から正三位へ越階《おっかい》して公卿《くぎょう》に昇進した際、身分秩序に口うるさい頼長が牛車《ぎっしゃ》を快く貸与した（『台記』）のも、こうした忠実との関係が影響していたものと考えられる。

中原師元

なお、筆録者の中原師元は、大外記《だいげき》として活躍した官人で、故実書『雑例抄』や『師元年中行事』等を編纂《へんさん》した人物である。下巻では、師元が頼長と独自に女叙位や内覧の作法についての議論も展開しており、単なる筆記者とは異なる立場にあったことがわかる。彼は、保元の乱直後に後白河天皇の記録所の寄人《よりうど》に就任、さらに永暦元年（一一六〇）には基実の家司《けいし》に補任され、位階も正四位上に至って承安五年（一一七五）に死去した。保元の乱後の順調な官歴を見ると、あるいは筆録が終わったころからすでに忠実・頼長を離れ、忠通側に接近していたのかもしれない。

三　『富家語』と晩年

『富家語』の特色

『富家語』の談話は全部で二百五十八条に及ぶが、最初の十二条を除いて他は全て保元の乱後に幽閉されてからのものである。政務から遮断された時期の述懐だけに、『中外抄』のように直接政治問題に言及した談話はなく、摂関家歴代の故事や往年の回想、儀式や衣食住に関する作法の話題が中心となっている。

その内容は主要な儀式における立ち居振る舞いから、紙の畳み方、果物の食べ方といった日常生活にいたるまで、微《び》に入り細《さい》に穿《うが》っており、忠実の深い蘊蓄《うんちく》を物語る。たとえば、果物は汁の垂れるもののみ箸を用いて食し、手で食した場合は握った部分を廃棄するようにと述べたり（十七条、以下、条文は一七と記す）、騎乗の際は三町前を、歩行の場合には一丈程前を見るのを可とする（一九）など、談話の内容はきわめて具体的で実践的なものであった。一方、同一の話題がたびたび繰り返されたり、義親《よしちか》の首を見物して師実《もろざね》に叱責されたとする一一四のように、事実誤認と思われるものもあって、老耄《ろうもう》の影も否定できないように思われる。

政務との関係

しかし、忠実の談話は現実の政務と、全く無関係であったわけではない。すなわち、筆録者高階仲行が家司として忠通の嫡男基実《もとざね》にも仕えていたこと（五五）や、基実自身も忠実を訪問したことを考え併せると、ここに記された心得の多くは摂関家の次代を担う基実に伝えられたものと見られる。また、第十二で先述したように、摂関家の傍流で二条天皇の外戚に当たる藤原経宗《つねむね》も、当時使者を派遣して忠実に多くの公事を学んでおり、本書にはこうした外部との交流に触発された話題もあったものと思われる。

忠実が貴族社会や政治の動きに対し決して無関心ではなかったことは、本書からも窺うことができる。たとえば、摂関家を内紛に追い込み、その勢力削減に奔走した信西の長男で、参議に昇進していた藤原俊憲《としのり》の大嘗会《だいじょうえ》御禊《ごけい》の衣装について「いまだ聞き及ばず」と批判している（一〇二）し、忠実・頼長を裏切った実能《さねよし》の男公能《きみよし》の賀茂行幸における奉幣の作法（一一九）を「きわめて見苦しき」と罵倒《ばとう》している。平治の乱で信西が殺害されたことについての感慨は不明確だが、乱の最中に藤原信頼《のぶより》が主催した臨時除目について、その開催場所を批判したと見られる談話（一〇九）もあり、忠実は政情にも依然として鋭い目を光らせていたと考えられる。

基実に関する談話

本書の中で最も印象的な談話は、孫の基実に関するものである。平治元年（一一五九）の

藤原基実画像
（「天子摂関御影」宮内庁三の丸尚蔵館蔵）

基実の来訪

談話において、忠実は基実の衣装（九三）や東三条殿での振る舞い（九七）などについて、厳しい批判を口にしていた。むろん基実本人には何ら罪のないことではあるが、かつて後継者と恃《たの》んだ頼長の地位を揺るがし、摂関家内紛の原因となった人物だけに、忠実にしてみれば基実に対する不快の念を隠すことができなかったのであろう。

その基実の忠実訪問に関する談話が登場するのは、応保元年（一一六一）以後、すなわち忠実の最晩年である。やはり両者の雪解けには、時間が必要だったことになる。基実は、儀式の作法などを尋ねている（二五一・二五二）ほか、頼長が手塩にかけた大炊御門《おおいみかど》殿の蔵に再三立ち入ったこと（一八九）や、あるいは「人のために忠節を致す事は無益の事なり。おほよそそれが顕《あら》はるる事もなきなり」と、忠節を無意味とする若者らしい考え（二五〇）を忠実に語っている。

忠実の説諭

前者の話題に対し、忠実は師実らが蔵に入ることを忌避した先例を述べて、基実を婉曲に諭《さと》している。後者の発言に対し、忠実は「ただ空《むな》しく忠を尽くすなり。しからば自然にその祿《ろく》を蒙《こうむ》らむか。これ、予のなすところなり」と語っている。政治的には敗者となったとは言え、摂関家の当主として目先の利害を求めず、あるべき政治を目指して筋を通したという忠実の矜持《きょうじ》が窺われる。こうした傍若無人とも言える基実の言動に接した忠実の心中が思いやられるが、忠実は摂関家の将来を担う基実に期待もしていたのである。二四〇によると、彼が頼通から継承してきた立涌雲《たちわきくも》の表衣《うえのきぬ》を基実に与えている。

忠通からの諮問

なお、保元三年（一一五八）には、関白忠通も六十才を越えた場合の内宴の服装について教えを求めており（六〇）、内宴では忠実の指示通り赤色の闕腋袍《けってきのほう》を着したという。自らも老境に差しかかった忠通が、かつての確執を越えて、父の故実に敬意を示した逸話と言えよう。ただし、忠通の名前はこの一条にしか見出されない。

このほか、四八では『西宮記』や師実が重視した『北山抄』を称賛し、逆に師通のために作成された『江家次第』を、才気に任せた判断で小賢《こざか》しい誤りが多いと批判する。先述の『中外抄』にも見えた彼の大江匡房に関する本音と、父祖に対する意識が、より鮮明に示されていて興味深い。二二四でも除目の硯に関する『江家次第』の説を否定している。

男色の話題

また、一八四では、源信雅《のぶまさ》とその男成雅《なりまさ》の容貌などを比較し、彼らを寵愛したことを述べている。『中外抄』では一切語られなかった男色の話題がここだけに顔を出すのも、老齢ゆえに許されると考えたためであろうか。男色を公然と日記に記した頼長との極端な対比も面白い。

往事への思い

本書の回顧談と『中外抄』のそれを比べると、より年齢を重ねたためか、自身の往時に関する談話が目につく。第一でもふれた石清水臨時祭の舞人の思い出（六八）は、黄《たそ》昏《がれ》を迎えた彼の人生の中で最も忘れがたい情景だったのではないか。むろん、王朝の故事も少なくないが、応保元年（一一六一）の談話で道長の手水《ちょうず》の故事にふれた際、忠実が「いみじげに思食し」た（一五二）のは、摂関家の今昔に思い至ったためであろう。

侍の話題

最後の談話の一つで、忠実は侍が奉仕すべき役割として「湯殿・樋殿（便所）・清目」を列挙している（二五六）。この述懐と、忠実の若き日に「侍品」として侮蔑された平氏一門が、旭日《きょくじつ》の勢いで政界に台頭しつつあったこととはけっして無関係であるまい。

高階仲行

なお、筆録者の高階仲行は、第十でも述べたように、久安六年（一一五〇）に忠実が忠通を義絶し東三条邸を接収した際に、忠実の命で御倉町の朱器《しゅき》の台盤《だいばん》を奪取するなど、忠実の信任厚い家司であった。保元の乱後も忠通・基実に仕えていたが、師元とは異なって大きな官位の昇進もなく、忠実の死後に出家したと考えられる。

第十四　家族と邸宅

一　子女と妻妾

子女とその母

忠実の子女として記録に残っている者と、その母は以下の通りである。

女子（母源俊房女任子）寛治八年十月三日〜同十月八日
男子（母同）　嘉保二年七月五日〜夭折？
泰子（母源顕房女師子）嘉保二年　〜久寿二年十二月十六日（六十一歳）
女子（母任子）　永長元年十二月二十四日〜同二年正月二十日
忠通（母師子）　承徳元年正月二十九日〜長寛二年二月十九日（六十八歳）
頼長（母藤原盛実女）保安元年五月〜保元元年七月十四日（三十七歳）
女子（母高階基章室）？　〜康治元年六月三日
女子（母中宮信濃）？　〜久安六年七月二日

このうち、重要な政治的役割を果たした泰子（勲子・高陽院）、忠通、頼長の三人については、本文で詳述しており今更ふれるまでもないだろう。また、いずれも夭折《ようせつ》した源任子所生の三人の子供たちについても第一でふれた通りである。以下ではその母についてふれておくことにしたい。

任子

まず、任子は忠実の最初の室で、村上源氏の左大臣俊房の娘という家柄を考えても、本来は正室となるはずであったが、三人の子供たちの相次ぐ早世で離縁する運命にあった。忠実と離別した後の消息については知ることはできない。

師子

泰子・忠通の母として忠実の正室の座に就いたのが師子であった。彼女は忠実より八歳年長の延久二年（一〇七〇）の生まれで、父は俊房《としふさ》の弟の右大臣顕房《あきふさ》である。師子は、最初白河院の寵愛を受けて、寛治《かんじ》五年（一〇九一）にはのちの覚法《かくほう》法親王を生んでいる。

結婚後は忠実の地位の上昇とともに栄進し、康和《こうわ》四年（一一〇二）九月に従三位、天仁《てんにん》二年（一一〇九）九月には従二位となり、同年十二月に政所を設置した。忠実の失脚とともにしばらく位階は停滞するが、白河死去の翌年である大治五年（一一三〇）四月、忠実の正式な政界復帰を待たずして従一位に至った。長承三年（一一三四）十月、六十五歳を迎えて夫に先んじて出家を遂げ、久安四年（一一四八）十二月に七十九歳で没している。忠実の復権も目の当たりにできたし、忠実・忠通の確執も見ずに死去したことになり、幸せな生涯を終えたと言えよう。

頼長の母については、事績や死没の時期を明らかにすることができない。

高階基章の室とその娘

次に、ほとんど事績のわからない二人の娘と、その母についてふれておこう。

まず、高階基章《もとあき》室は得選という宮中の御厨子所の女官で、その名を況、字を不劣《おとらぬ》と言った。基章は頼長にも仕えた官人であったから、忠実は家人の妻と密通したことになる。忠実はその娘を自身で養っていたが、彼女が実子であるか否か、彼女が死去するまで疑っていた。なお、況が宮中の女官であったことから、密通は保安二年の宇治籠居以前とする説があり、そうだとすれば娘の年齢も二十歳を過ぎていたことになる。しかし、娘の死去を記した『台記』に、彼女の宮仕えや夫のことは触れられておらず、その筆致は幼女の死去を示唆するように思われる。また、況が一貫して女官であったか否かも不明確で、娘を二十歳以上とする説にはにわかに賛同できない。

御匣殿

久安六年（一一四九）に死去した娘は、長承三年三月十九日に泰子が立后した際、御匣殿と称して女官として仕えた女性である。死去した際に頼長も服喪しているが、母親の事績や年齢などは判明しない。

以上のほかに妾室としては、晩年の忠実に仕えた播磨《はりま》がいた。彼女の出自は不明だが、前名を小物御前と言い、もとは待賢門院《たいけんもんいん》に仕える女房であったという（『今鏡』）。彼女と忠実との間に子供はなかったようだが、頼長の子範長《はんちょう》、仁平三年（一一五三）に死去した頼長の娘を養子に迎えており、忠実・頼長父子と密接な関係を有していた。

同じ仁平三年の三月、忠実の四天王寺参詣に随行したのをはじめ、播磨は晩年の忠実と行動をともにすることが多かった。そして、知足院に幽閉された忠実に仕えたことは第十二で先述した通りである。

建長五年（一二五三）十月の「近衛家所領目録」によると、彼女は保元の乱後に山城国《やましろのくに》巨《おお》倉《くら》荘・小巨倉《こおおくら》荘以下の摂関家領の一部を伝領することを許され、その所領は知足院尼上に伝領されている。あるいは忠実の介護料でもあったのだろうか。

なお、忠実の乳母としては、『殿暦』の康和四年正月二日条から源清実の室内侍《ないし》の名前が判明する。清実は醍醐《だいご》源氏の出身で、信濃《しなの》・越前《えちぜん》・周防《すおう》などの守を勤め、師通の家司でもあった。

二　邸宅

東三条殿

忠実の邸宅として判明しているものには、まず摂関家の正殿《せいでん》東三条殿がある。道長以来の由緒をもつ邸宅だが、当時は儀式に用いられるのみで、日常的な生活が行われたわけではない。同殿は失脚以前の保安元年（一一二〇）正月にいったん忠通に譲渡されたが、久安六年（一一五〇）の義絶によって頼長に与えられている。この邸宅の没官が、保元の乱の口火を切ったことは先述の通りである。

鴨院

実際に居住に用いられた邸宅としては鴨院が有名である。別名鴨井殿とも呼ばれ、三条三坊七町・八町にわたって所在した。この邸宅は師実《もろざね》が購入したあと、陽明門院《ようめいもんいん》が居住したが、その死後に焼失したために、永久五年（一一一七）に忠実が新造して移徙《いし》している。『富家語』三八によると、忠実は当初頼通《よりみち》の高倉殿に邸宅を新築しようとしたが、白河院から同所が不吉であるとの仰せがあり、代わって鴨院を造営したという。

その後は忠実の本邸と言える邸宅であったが、政界復帰後の大治五年（一一三〇）正月に主要な殿舎を焼失した。第七に記したように、忠実の復権に反感をもつ者による放火とみられる。忠実に匿《かくま》われていた自称義親《よしちか》が殺害されたのも、この邸宅の一角であった。

高陽院

かわって、政界に復帰後の忠実が上洛の際に、専ら用いたのが高陽院である。従来、この邸宅は左京二条二坊にあって頼通・師実の摂関家歴代が伝領し、後朱雀以後代々の天皇の里内裏《さとだいり》にも用いられたものとされてきたが、近年は高倉西、土御門北にあった方一町の邸宅とする説が有力である。忠実は、娘の泰子(高陽院)にこの邸宅を譲渡しており、高陽院方の御倉町も併設されていた。

枇杷殿

一条三坊十五町にあった枇杷《びわ》殿は古くからの摂関家の邸宅で、四条宮寛子が禎子内親王と居住していたが、その存命中から忠実も利用し、大治二年(一一二七)の寛子の死去後に正式に伝領している。保元の乱まで保持していたが、乱後後院領に組み込まれた。

近衛殿

代々摂関が居住してきた近衛押小路殿も、彼が摂関在任の時期に使用した代表的な邸宅であった。ここも鴨院と同じころに放火を受けているが、全焼は免れたごとくで、のちには長男忠通の邸宅となった。

以上のほか、天永二年(一一一一)ごろには左京四条三坊にあった町尻殿を使用している。また、白河法皇より御所近隣として賜った藤原家光《いえみつ》の五条町尻邸、天永三年ごろ使用していた六条二坊六町藤原孝清《たかきよ》邸などがある。

富家殿

宇治にあった別荘で、忠実と関係深いのは、すでに触れた富家殿《ふけどの》と小松殿《こまつどの》である。まず、摂関在任中の中心的邸宅で籠居の場ともなった富家殿については、平将門の乱の征東大将軍として知られる藤原忠文《ただふみ》の別荘が師輔《もろすけ》に寄進されたものとする説もあるが、これについては否定的な見方が強い。師輔以後の伝領も不明確だが、藤原頼通の時代に播磨守兼房《かねふさ》が造営したことが『知信記』に明記されている。それを永久二年（一一一四）に忠実が修理し、彼の籠居が解かれた大治四年（一一二九）十月二十二日に焼失したのである。

その所在地は未確認であるが、「北殿」と称されていること、のちの史料に「五ケ庄富家村」などと見えることから、現在の宇治市街地や平等院よりかなり宇治川を北へ下った五ケ庄村《ごかのしょうむら》にあったと考えられている。また、槇島《まきしま》に残る「吹前（フケノマエ）」という地名を「富家前」の転化とみて、右の傍証とする説もある。なお、この「富家」の語源を忠実の富裕によるとするのは、忠実以前から地名が存することを見ても誤りと言えよう。

小松殿

小松殿は第九で記した通り、保延二年（一一三六）以後史料に登場する。師長の元服を記した『兵範記《ひょうはんき》』久安五年（一一四九）十月十八日条にある指図から、その寝殿の構造は明らかで、母屋四間で四面に庇、南に広庇を備え、東に中門廊、東北に卯酉廊、道を隔てて蔵人所廊が併設されていたことがわかる。康治元年（一一四二）には、その北側に成楽院《じょうらくいん》が建立され、さらに久安五年には、その西隣に師子を供養する西御堂が建立されているように、仏教信仰と一体化した別荘であったことになる。

その所在地は不明確だが、平等院の西方と考えられ、近世に常楽・小川という字があったことから、現在の戸ノ内《とのうち》とする説がある。

このほか、久安四年から西殿の名称も史料に登場する。これは、その名のとおり小松殿の西に位置した邸宅で、保元の乱直前には頼長の宇治における本宅となっていた。また、忠実の母全子の居所小川殿も、小松殿の北側に所在したと考えられる。

小松殿以下は、保元の乱後は藤原氏の長者に使用されることもなく、荒廃に帰してゆくことになる。忠実と宇治の余りに強い結合を、子孫たちは恐れ憚《はばか》ったのかもしれないが、法住寺殿と後白河院のように、特定の院御所と院との強固な結合と類似した側面もあると言えよう。

むすび——忠実の評価

容姿と声

『今鏡』は、忠実の容姿や声について「この富家の大臣《おとど》は、御みめもふとり、清らかに、御声いとうつくしくて、年老いさせ給ふまで、細く清らにおはしましき。朗詠などえならずせさせ給ふ。また箏の琴は、すべてならびなくおはしましき」と記している。上流貴族に相応《ふさわ》しい貫禄と美声をもち、美声ゆえに朗詠にも優れ、箏の琴には抜群の才能を有していた。

理想化された姿ではあろうが、ここから風格と音楽の才能に恵まれた摂関家当主に相応しい人物像が想起される。保元の乱に至る激動の時代に遭遇しなければ、忠実は祖父師実のように長者然とした風雅な生涯を終えていたのかもしれない。

忠実の功罪

冒頭に記したように、忠実には厳しい批判を受ける側面と、逆に摂関家再興の立役者という側面とがあった。批判の最大の要因は次男頼長《よりなが》に対する偏愛と、その結果もたらされた保元の乱による敗北に他ならない。しかし、こうした批判の背景には、縷々《るる》延べ来たったように、忠通《ただみち》の子息慈円《じえん》が記した『愚管抄《ぐかんしょう》』の影響があったのである。頼長の摂関継承は摂関家内部の既定方針であり、それを破ったのはむしろ忠通の方であった。また保元の乱の敗北も、鳥羽院死去という政情不安を背景とした院近臣や忠通の挑発によるもので、権力に執着したとして忠実・頼長に責めを負わせるのは酷に過ぎるだろう。

一方、忠実の最大の功績は、多大の荘園を集積して中世摂関家の基礎を築いたことにある。その荘園の多くは、保元の乱における没官の危機を乗り越えて子孫に伝領され、近衛家以下の基盤となったと考えられる。こうした荘園集積と関連して、管理する武力も整備され、また武力を通して藤原氏の宗教的権威興福寺《こうふくじ》の統括も可能となったのである。私領と主従関係を基軸とした権門を確立した点に、忠実の新たな時代に対する鋭い見通しを看取することができる。忠実には、従来の摂関家当主の殻を破る大胆で果断な性格が具《そな》わっていたと言えよう。

また、彼には頼長のように旧来の身分秩序を固守する意識は希薄であり、それが悪僧信実《しんじつ》に興福寺を委ねるという大胆な政策を実現したのである。また、白河院政期に院や院近臣との対立から失脚を招いた痛切な経験が、鳥羽院政期における院や院近臣への巧みな対応を可能にし、摂関家の復興を実現したものと考えられる。

その敏腕の忠実が、先述した摂関の継承問題で忠通と対立し、摂関家分裂を回避できなかった原因はどこにあったのだろうか。たしかに既定方針に固執し、問題の円満の解決に失敗した面もなくはないだろう。しかし、忠実の憤りの背景は、もっと深いものであった。頼長への摂関譲渡を拒否した忠通の行為は、家長である忠実が定めた正当な摂関の継承順を破ったことを意味する。すなわち、忠通は父権に反抗したことになる。ここに忠実が、忠通を義絶するまでの激しい憤りを抱いた原因が存したのである。

当時の王家においても、父権を背景として専制的に権力を行使しようとする院と天皇との軋轢《あつれき》が生じていた。荘園や主従関係という新たな財産・権力基盤が生じつつあった当時、天皇という公的な地位に束縛されない院の台頭は不可避の問題であった。この対立は、人事権を背景とする院が成人天皇の退位と幼主の擁立という慣例を確立することで終息し、院の専制政治が確立されたのである。

新たな財産や権力基盤の出現は摂関家でも同様であり、その意味では忠実と忠通の軋轢にも必然的な面もあったが、王家と異なっていたのは、摂関の地位を家父長が自由に任免できないことにあった。ここに、摂関家の分裂・抗争の原因が存したと言える。忠通の義絶後、頼長が氏長者として摂関家の中心となったが、ここでも本来の指導者忠実と頼長との関係は微妙なものとなり、結局はつねに頼長が忠実に従属するかたちをとった。彼が政治家として独り立ちできなかった原因は、性格の問題もさることながら、忠実との権力の分掌にもあったのである。

保元の乱の遠因

忠実が精魂傾けて構築した複合権門摂関家は、保元の乱で無残に解体された。乱の原因が院近臣の挑発にあったように、摂関家の有した武力が政界の不安定要因となり、兵乱を惹起する引き金ともなったのである。しかし、忠実の方策が誤っていたということには決してならない。荘園領主が独自に荘園を管理しようとする限り、そのための武力が必要となるのは当然で、忠実が武士を主従関係に包摂したことは自然の成り行きであった。

こうした武装の傾向は、悪僧・神人を擁した寺社はもちろん、北面の武士を組織した王家にも見られるものである。寺社の場合は、原則として自身の既得権益の擁護のために武力を用いたのであり、政治に介入することはなかった。王家の場合、その荘園や家産的な武力は、摂関家を凌ぐものがあったが、それらは必ずしも次代の院に継承されることはなかった。院は何よりも国家権力を掌握し、それを通して権力を発動していた。それだけに、荘園や武力の次代への継承は不確実であった。したがって、鳥羽院のように後継者が不安定な場合、院に依拠する院近臣の政治的立場はたちまちに危機に瀕するのである。

摂関家の強大化は、こうした院近臣をはじめとする政治勢力に、脅威や圧力を加えることになり、摂関家の政治的な孤立を招かざるをえない面もあった。こうしてみると、忠実が構築した複合権門摂関家が、信西などの院近臣の策謀によって孤立し、忠実の後継者頼長が挙兵に追い込まれ、そして武装を解除されたのも、必然的な成り行きであったと言えよう。

忠実の歴史的役割

貴族政権と武士政権が分立したことは、日本史上における重大問題の一つと言える。武士との主従関係が必ずしも強固に貫徹しなかった院政と、主従関係を基軸とした摂関家の抗争、そして後者の敗北は、二つの政権の分立を招く大きな要因となったのである。

しかし、保元の乱後も公家と武士の一体化の可能性は、まだ残されていた。今度は武士の側から公家政権を包摂しようとする動きが生じた。自らの武力で、女婿の高倉院と外孫の安徳天皇を擁護しようとした平清盛の政権、すなわち平氏政権がそれである。しかし、圧倒的な武力を有したかに見えるこの権力も、治承三年政変で強引に後白河院政を停止したことから、擁立した王権に対する疑問を惹起し、全国で同時に発生した内乱の中で滅亡を遂げる運命にあったのである。

その意味で、忠実と清盛は共通する歴史的役割を果たしたと言える。彼らは強引に中世を切り開いたが、その結果は諸勢力の角逐《かくちく》と内乱をもたらし、彼らが築いた権力は無残に崩壊することになる。そうした軋轢の中で、中世はしだいに成熟し、職能分化した権門《けんもん》の相互補完的な体制が構築されるのである。

忠通のもとで衰退した摂関家も、院や幕府に依存することによって逆に安定した地位と権威を獲得し、儀礼的な存在として中世を生き延びてゆくことになる。

摂関家関係系図

摂関継承図（番号は継承順）

摂関家婚姻関係図

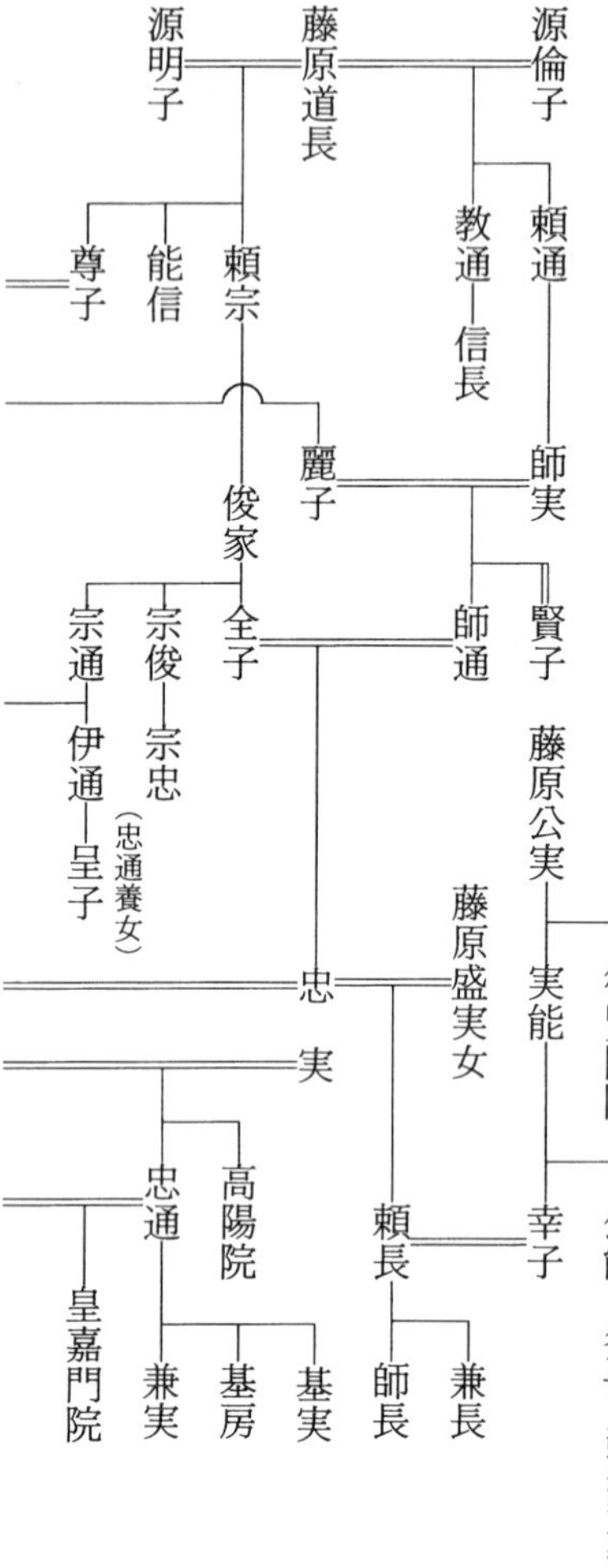

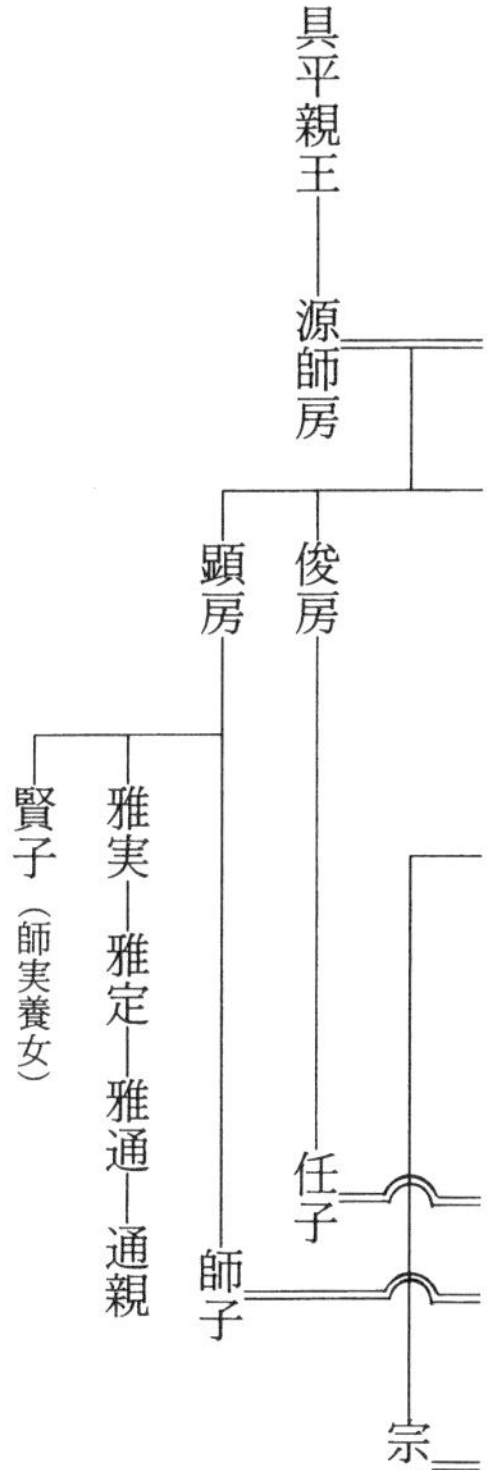
具平親王
源師房
俊房
顕房
任子
師子
雅実
雅定
雅通
通親
賢子
（師実養女）
宗子

天皇家系図（番号は即位順）

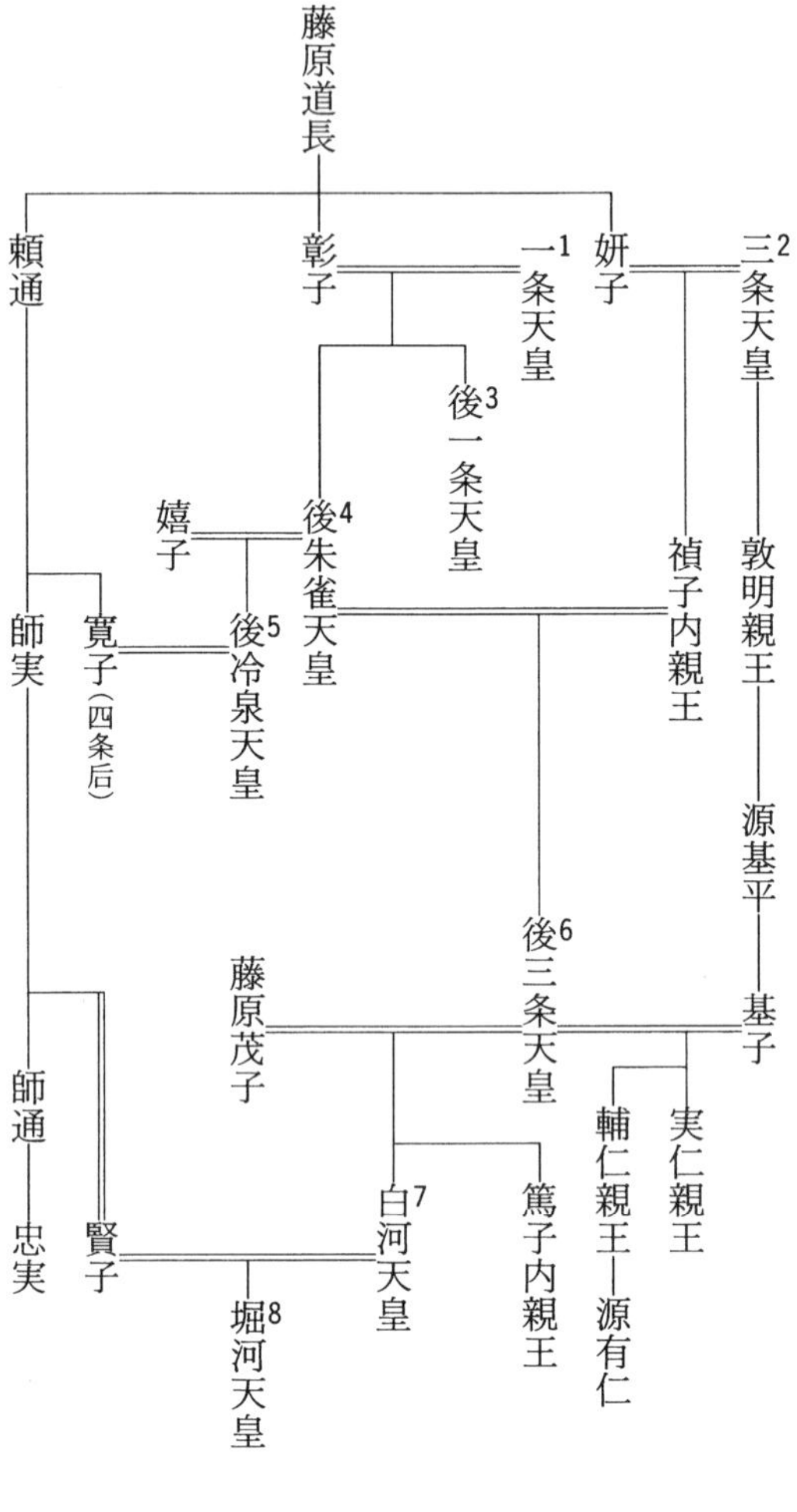

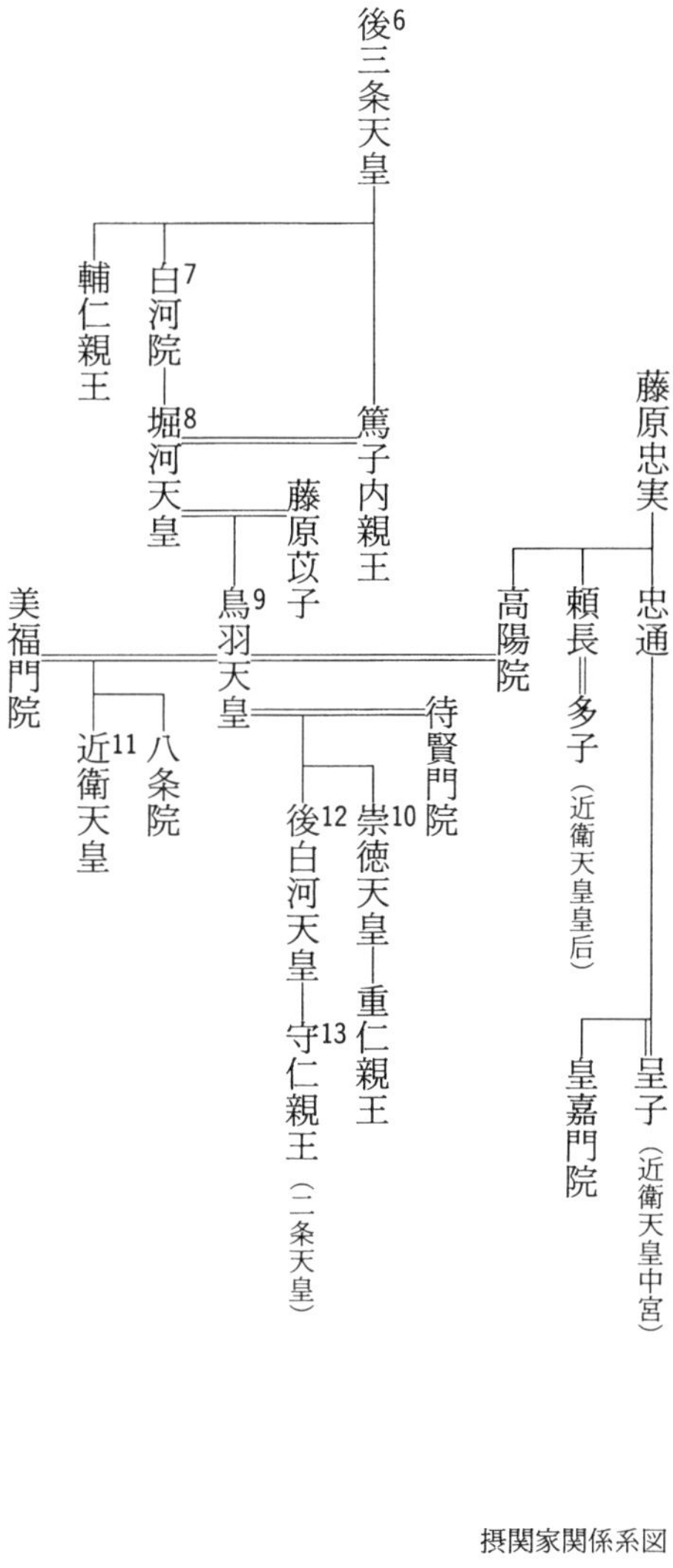
6後三条天皇
輔仁親王
7白河院
篤子内親王
8堀河天皇
藤原苡子
9鳥羽天皇
美福門院
11近衛天皇
八条院
待賢門院
10崇徳天皇
12後白河天皇
重仁親王
13守仁親王（二条天皇）
藤原忠実
忠通
頼長
高陽院
多子（近衛天皇皇后）
呈子（近衛天皇中宮）
皇嘉門院

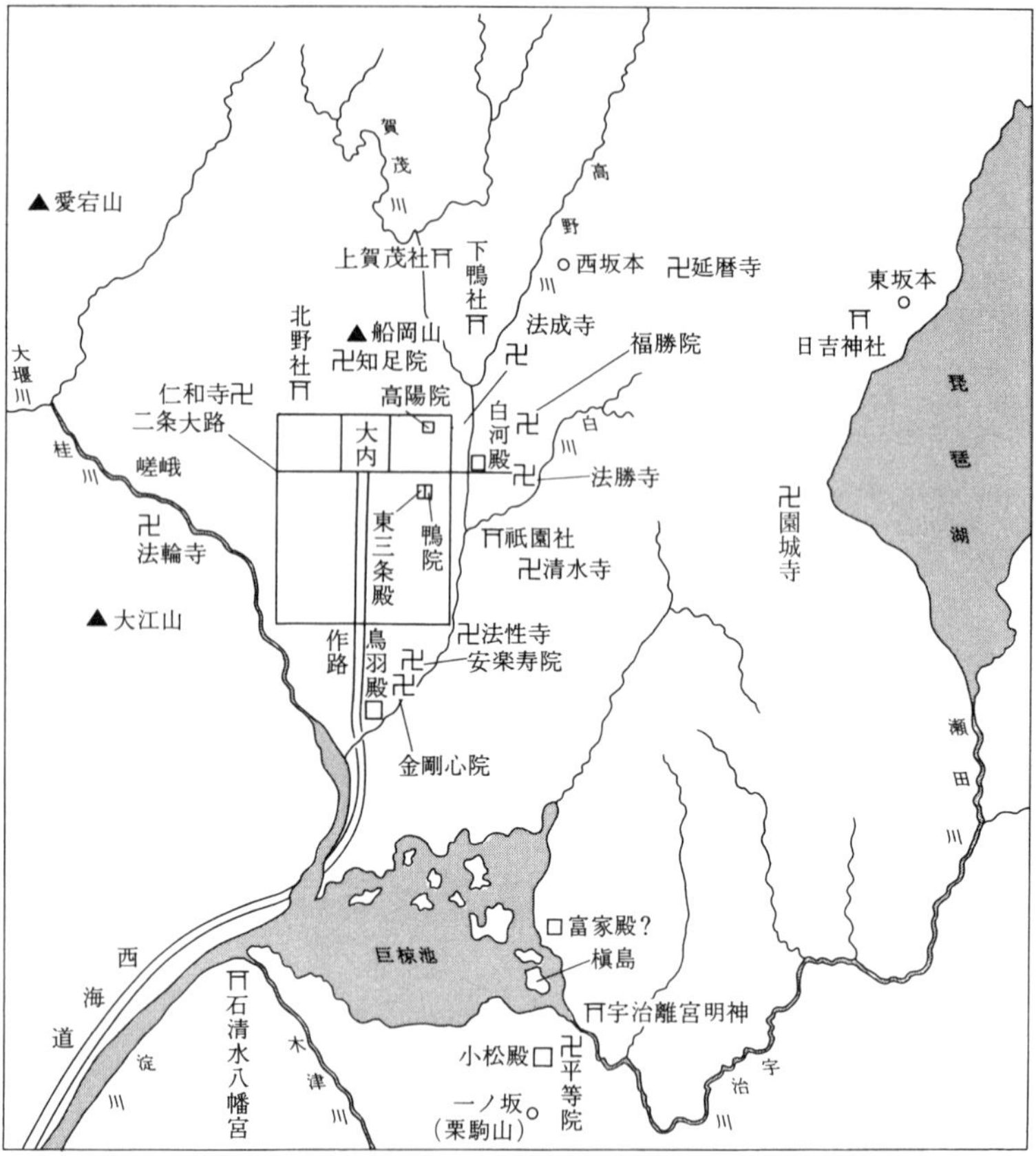
賀茂川
高野川
▲愛宕山
上賀茂社
下鴨社
西坂本
延暦寺
東坂本
日吉神社
北野社
▲船岡山
法成寺
福勝院
知足院
大堰川
仁和寺
二条大路
高陽院
大内
白河殿
白川
桂川
嵯峨
法勝寺
琵琶湖
東三条殿
鴨院
法輪寺
祇園社
清水寺
園城寺
▲大江山
法性寺
作路
鳥羽殿
安楽寿院
金剛心院
瀬田川
富家殿？
槙島
巨椋池
西海道
石清水八幡宮
宇治離宮明神
淀川
木津川
小松殿
平等院
宇治川
一ノ坂
（栗駒山）

平安京・宇治周辺図

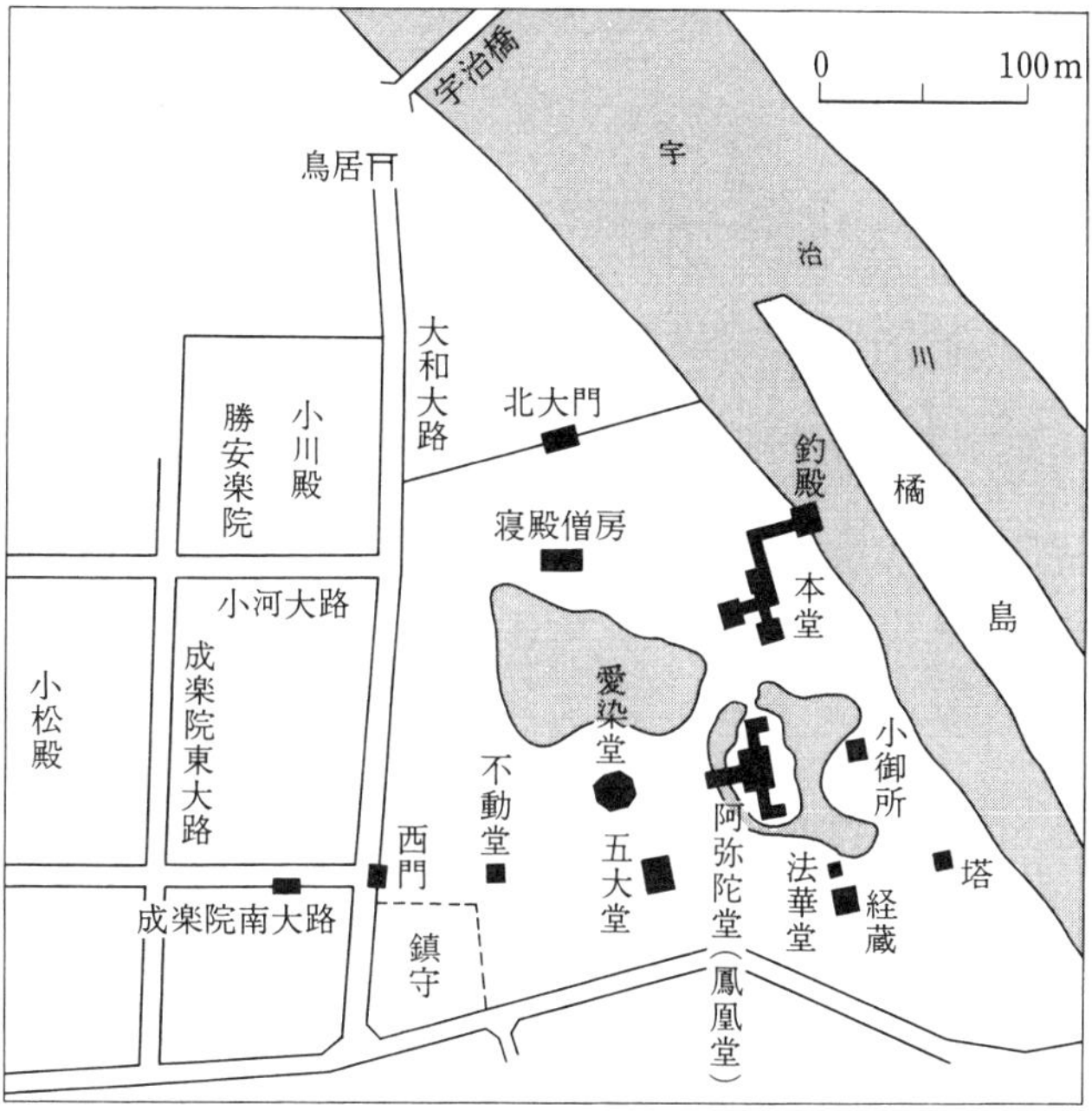

宇治平等院諸堂位置想定図

（杉山信三著『院家建築の研究』より，吉川弘文館）

略年譜

天皇	院政	年次	西暦	年齢	事蹟	参考事項
白河		承暦二	一〇七八	一	一一月、誕生	
		永保三	一〇八三	六	三月七日、着袴	九月、後三年合戦始まる
		応徳元	一〇八四	七	八月二二日、童殿上を許され、大江匡房が忠実の名字を撰進する	九月二二日、中宮賢子死去
		二	一〇八五	八		一一月、東宮実仁死去
		三	一〇八六	九	一二月一〇日、初めて殿上に着する	九月一六日、藤原通俊後拾遺和歌集を撰進○一一月二六日、白河天皇善仁親王に譲位
堀河	白河	寛治二	一〇八八	一一	正月二一日、東三条殿で元服、正五位下に叙される○同月二八日、侍従任官○三月二三日、石清水臨時祭で舞人を勤める○六月五日、五位のまま右中将に就任（五位中将）	一二月一四日、師実太政大臣就任
		三	一〇八九	一二	正月二九日、源任子と結婚	
		四	一〇九〇	一三		一二月二〇日、師実摂政を改め関白となる
		五	一〇九一	一四	正月一三日、従三位に叙し公卿となる	六月一二日、源義家・弟義綱と

天皇	院	年号	西暦	年齢	事項	参考事項
堀河	白河	六	一〇九二	一五	正月二五日、権中納言就任○二月四日、祈年祭上卿を勤仕○同月六日、春日祭上卿として奈良に下向○一一月一五日、源仲宗の連行する犯人を密かに見物し師実の叱責を受ける	京で兵を構える
		七	一〇九三	一六	三月二〇日、白河院別当に就任	
		嘉保元	一〇九四	一七	三月二八日、左大将を兼ねる 一〇月三日、女子誕生（母任子）。女子は間もなく死去	三月九日、師実関白を師通に譲渡○九月三日、藤原信長死去○同月五日、源顕房死去
		二	一〇九五	一八	七月五日、男子生誕（母任子）○この年、泰子生誕、母は顕房の女師子（これ以前に結婚）	一〇月二四日、延暦寺悪僧等、美濃守源義綱の配流を求め強訴
		永長元	一〇九六	一九	一二月二四日、女子誕生（母任子）	
		承徳元	一〇九七	二〇	正月一〇日、任子所生の女子死去○正月二九日、忠通生誕○三月二四日、権大納言に就任	
		二	一〇九八	二一		一〇月二三日、源義家、院昇殿
		康和元	一〇九九	二二	六月二八日、父師通死去○八月二八日、内覧就任○一〇月六日、氏長者となる	
		二	一一〇〇	二三	七月一七日、右大臣に就任	七月五日、対馬守源義親の追討が議される
		三	一一〇一	二四	二月一三日、師実死去○四月二五日、法成寺・平等院の修理を命じる○七月二三日、法成寺の経蔵を開く○八月一一日、師通の日記を見る	

天皇	院政	年号	西暦	年齢	事項	
堀河	白河	四	一一〇二	二五	五月七日、延暦寺衆徒、法成寺長吏問題で忠実に強訴○七月二九日、興福寺衆徒、院庁庁官と抗争、白河院、別当覚信の寺務を停止する	一二月二八日、前対馬守義親を隠岐に配流する
		五	一一〇三	二六	八月一七日、東宮傅に補任される○一二月九日、男威徳、昇殿、大江匡房、忠通の名を選ぶ○同月二七日、忠実、覚信に命じて興福寺衆徒張本を追却させる	正月一六日、宗仁親王誕生
		長治元	一一〇四	二七	五月一六日、宇治に赴く○七月一六日、藤原清衡、忠実に馬二匹を献上○八月二三日、宇治離宮社に神馬を奉納する○一二月二八日、阿波守高実、臨時客用途を辞退	一〇月二六日、源義家に延暦寺悪僧追補を命じる
		二	一一〇五	二八	正月三日、行幸料馬副を辞退した侍を厩に下す○一二月二五日、関白に就任	二月一五日、藤原清衡、中尊寺を建立
		嘉承元	一一〇六	二九	二月二三日、興福寺上座定深を清水寺別当に補任、不満とする清水寺僧が蜂起○四月、忠実病む○九月二九日、興福寺悪僧、河内庄民と合戦し院の尋問を受ける○一二月四日、故祐子内親王家領を摂関家領とする	七月、源義家死去
鳥羽		二	一一〇七	三〇	三月二日、長者就任後初めて平等院に宿す○七月一九日、鳥羽天皇践祚し、摂政に就任○一〇月六日、白河院の命で源義綱に延暦寺僧徒を防	七月一九日、堀河天皇死去○一二月一日、鳥羽天皇即位○同月一九日、流人源義親の追討使平

鳥羽	白河				がせる○一二月一九日、追討使正盛に馬を贈る	正盛、出雲に下向する
		天仁元	一一〇八	三一	正月二五日、除目について院の労いを受ける○正月二九日、義親の首入京、忠通鳥羽で見物する○三月七日、院より藤原家光の五条町尻邸を賜る	正月六日、正盛、義親を追討○同月二四日除目、院近臣熟国を独占○一〇月一一日、土御門尼上死去、大嘗祭の役人の服喪が議される
		二	一一〇九	三二	四月一五日、内舎人・随身を辞す○九月六日、師子、従二位に叙す	二月一七日、源義忠暗殺の嫌疑により源義綱一族出京、追捕される
		天永元	一一一〇	三三	正月二日、藤原清衡、馬五匹を献上○三月二七日、出羽守源光国が忠実領寒河江庄に乱入○六月二一日、興福寺に長者宣を下し兵仗を禁じる	
		二	一一一一	三四	○六月一日、忠通の婿取りについて院の諮問○一〇月一七日、藤原長実、忠通の経営所料を献上○一〇月二八日、藤原清衡、馬三匹を献上○一一月四日、源明国、忠実の美濃の荘園に下向し、闘乱を起こす	一一月五日、大江匡房死去○同月二一日、源明国佐渡に配流される
		三	一一一二	三五	二月八日、忠通春日参詣に出立○五月二六日、堀河楊梅の伊賀守藤原孝清宅に移る○同月一六日、藤原清衡、馬六匹を献上○一一月二五日、法勝寺で白河法皇六十歳の賀を行う○一二月一	

天皇	院	年号	西暦	年齢		
鳥羽	白河	永久元	一一一三	三六	○日、全子、従三位に叙す○同月一四日、太政大臣に就任 正月一日、鳥羽天皇元服に加冠役を奉仕○四月一四日、太政大臣を辞任○同月一六日、興福寺に長者宣を下すが大衆鎮まらず○このころ、日記『殿暦』の筆を絶つ○一一月七日、院御所において藤原宗忠・源俊明・藤原為房らと仁寛の問題を審議する○一二月二六日、摂政を辞任し関白となる	閏三月一九日、興福寺大衆強訴する○四月二九日、興福寺、延暦寺との合戦のため上洛を企て、宇治栗駒山で京武者と合戦し撃退される○六月八日、興福寺僧経覚・隆観、院を呪詛するとの噂が流れる○一〇月五日、輔仁親王護持僧仁観、千手丸に鳥羽天皇暗殺を企図するとの落書が発見される
		二	一一一四	三七	二月三日、院の仰せで興福寺に長者宣を下す○二月二一日、音博士源清仲の死穢によって大炊御門第より阿波守忠長の三条第に移る○三月三〇日、金峯山別当問題で上洛しようとした興福寺大衆を長者宣で制止する○六月一一日、怪異により三条第より藤原為隆の七条第に移るこの日、麗子の遺領を入手○八月三日院、忠通の婚儀について打診あり○八月二七日、七条第より藤原実行の六条第に移る○一〇月一六日、宇治	四月三日、祖母麗子死去○一〇月一日、篤子内親王死去○一二月二日、源俊明死去

鳥羽	白河				富家殿を修理する○一二月二〇日、宇治に赴く○同月二九日、源義光男、馬を献上	
		三	一一二五	三八	二月一七日、平等院に参詣○三月二一日、寛子とともに宇治に赴く○四月六日、奈良に赴く○五月二日、寛子とともに宇治に赴く○同月一四日、師子とともに宇治に赴く○七月二一日、三条殿より東三条殿に移る○八月二七日、宇治富家別業に赴く○九月一日、富家殿で御燈祓○同月二一日院、富家別業に御幸○一〇月三日、平等院経蔵を検ずる○一一月一七日、宇治富家殿に赴く○一二月二二日、富家殿に赴く	正月二九日、忠通、権大納言に就任○四月八日、弟家政死去○同月二八日、忠通、内大臣就任○一〇月二六日、東大寺寛信維摩会講師を宣下される
		四	一一二六	三九	閏正月二五日、奈良に方違し途中宇治の寛子邸に立ち寄る○二月一三日、宇治に赴く○三月一一日、師子・忠通とともに宇治に赴く○四月三日、宇治に赴く○同月一四日、方違のため奈良に赴く○五月六日、宇治に赴く○同月八日、宇治離宮祭を見物す○六月九日、宇治に赴く○同月一九日、宇治に赴く○七月三〇日、方違のたて宇治富家殿に向かう○八月三日、衆徒のことにより春日神社を拝す○同月一三日、長者宣を下し大衆の上洛を止める○同月二五日、師子・	四月二四日、興福寺別当覚信、大僧正に就任○七月一三日、興福寺大衆讃岐守藤原顕能を訴える○同月二六日、鳥羽天皇、興福寺に不快を示す○八月一五日、興福寺大衆、京上・和平派に二分○一〇月二日、興福寺大衆、維摩会講師寛信の罷免を求む○同月一〇日、維摩会で大衆が講師寛信を追却

					忠通とともに宇治富家殿に参る○九月二日、藤原顕季、宇治に参入○一〇月九日、宇治より帰京○同月一八日、宇治に赴く○一一月二一日、宇治に赴く○一二月一八日、方違のため宇治に赴く	
鳥羽	白河	五	一一一七	四〇	正月八日、熊野精進のため、宇治に赴く○同月二五日、熊野道中における忠実の荘園について院の諮問あり○正月二九日、方違のため宇治に赴く○二月二日、方違のため宇治に赴く○三月三日、宇治一切経会、大納言経実以下一家の者不参○三月九日、方違のため宇治に赴く○同月二七日、方違のため宇治に赴く○四月九日、方違のため宇治に赴く○同月二二日、方違のため宇治に赴く○七月二日、新造の鴨院に移る○九月二七日、璋子入内の噂を日記に記す	正月八日、法成寺の塔・南大門等焼失○五月二一日、覚信、法務を辞任○六月一日、春日神人に対する暴行事件で大衆・神人蜂起○一一月一一日、平等院修理別当成信死去○一二月一三日、璋子入内、同月一七日、女御となる
		元永元	一一一八	四一	八月二日、泰子のことを大中臣親仲に祈らせる○同月三日、藤原顕隆の訴えにより興福寺の荘園・封について沙汰する○九月五日、家領・興福寺領について言上、同日、阿波守、竹原牧を訴える○閏九月九日、宇治に赴く○同月十五日、家人源雅職を追出す○同月一八日、宇治に赴く	正月二六日、璋子、中宮となる

天皇	院	年号	西暦	年齢	事項	一般事項
鳥羽	白河	二	一一一九	四二	○一〇月二六日、忠通、宗通女宗子と結婚 二月一三日、師実の忌日を宇治で修する○三月二五日、院の仰せにより上野国の荘園五千町を停止する○六月七日、院の仰せにより蔵人頭御厨を興福寺に寄進する者を沙汰する○七月一八日、宇治に赴く○一〇月七日、平等院中御塔地鎮祭を行う○一二月二八日、方違のため宇治に赴き平等院に一堂の建立を計画する	二月六日、忠通、左大将就任○五月二八日、顕仁親王（崇徳天皇）生誕
鳥羽	白河	保安元	一一二〇	四三	正月二日、東三条殿・御倉町の券文を忠通に譲渡○二月一三日、師実忌日を宇治に修す○三月二日、平等院八角堂の上棟式○五月、頼長生誕○八月五日、方違により宇治に赴く○一一月一二日、内覧を停止される	七月二二日、民部卿藤原宗通死去○八月一三日、興福寺大衆蜂起○一〇月二一日、宗通の長男信通死去
鳥羽	白河	二	一一二一	四四	正月一七日、内覧に復帰○同月二二日、関白辞任以後、宇治の富家殿に籠居	正月二二日、忠通内覧○三月五日、忠通関白就任○一一月一二日、源俊房死去
鳥羽	白河	三	一一二二	四五		一二月一七日、忠通左大臣就任
崇徳	白河	四	一一二三	四六		正月二八日、鳥羽天皇、顕仁親王に譲位、同日、忠通関白を改め摂政○七月一八日、平忠盛・源為義、延暦寺僧徒の入京を撃退

天皇	院政	年号	西暦	年齢	事項	関連事項
崇徳	白河	天治元	一一二四	四七		八月二〇日、藤原清衡、中尊寺金色堂建立○一一月二四日、璋子、待賢門院の院号宣下
		二	一一二五	四八	四月二三日、頼長を忠通の養子とする	
		大治元	一一二六	四九	三月二四日、全子剃髪す	
		二	一一二七	五〇	八月二日、入京鴨院に入る	八月一四日、太皇太后寛子死去○一一月一三日、忠通の男夭亡
		三	一一二八	五一	六月二日、平等院の券文を忠通に譲渡○一〇月一三日、鴨院券文を忠通に譲渡	一二月一七日、忠通太政大臣就任
	白河／鳥羽	四	一一二九	五二	二月二五日、入京○四月一九日、頼長とともに入京、頼長を白河・待賢門院に見参させる○九月一九日、自称源義親を富家殿に匿う○一〇月二二日、富家殿焼失○一二月一一日、入京す○同月二三日、入京	正月九日、忠通長女聖子入内○七月一日、忠通、摂政を辞し関白となる○七月七日、白河院死去○一一月一一日、鳥羽院、検非違使を興福寺に派遣して寺内を捜検する
	鳥羽	五	一一三〇	五三	正月三日、鴨院で頼長の名字を選ぶ○同月二九日、鴨院焼亡、近衛富小路に移る○二月八日、富小路殿放火犯人を捕らえる○一一月一二日、自称義親、鴨院で殺害される○同月一六日、宇治に赴く	二月九日、聖子立后す○一一月八日、頼長、春日祭使として下向
		天承元	一一三一	五四	一一月一七日、鳥羽院に謁す○同月二一日、随	一二月二四日、頼長従三位に叙

天皇	院	年号	西暦	年齢	事項	関係事項
					身・兵仗を許される	す
崇徳	鳥羽	長承元	一一三二	五五	正月三日、東三条殿にて諸卿の拝礼を受け、ついで院拝礼に出仕○同月七日、院の白河御幸に単身供奉○三月六日、宇治に赴く○四月一九日、忠通賀茂参詣を院の桟敷で見物○同月二四日、賀茂祭、院の仰せで斎院の車後に候う○四月二七日、宇治に赴く○五月二三日、入京○九月二四日、鳥羽院、平等院に御幸し経蔵の宝物を見る○一〇月四日、宇治より入洛○同月八日、頼長とともに宇治に赴く○一二月九日、藤原清隆の三条邸に赴く	三月一三日、平忠盛内昇殿を許される○一二月二五日、頼長、権中納言就任
		二	一一三三	五六	正月二日、院御所に朝覲行幸、御所で箏を演奏○二月一三日より三月二〇日まで宇治に赴く○三月三〇日、院の得長寿院御幸に随行○四月二三日、院と同車で忠通の賀茂詣を見る○五月八日、宇治離宮祭を見物○六月一一日、泰子院参の事を宗忠に語る○同月二九日、泰子院参する	二月九日、頼長、春日祭上卿を勤仕○六月一九日、頼長、藤原実能女と結婚する
		三	一一三四	五七	三月一九日、泰子立后、忠実箏を弾く○五月一三日、院の平等院御幸に供奉○一〇月二五日、室師子出家する	この年、藤原得子、鳥羽院に入侍
		保延元	一一三五	五八	二月二五日、院の東三条院殿御幸○同月八日院、	二月八日、頼長、右大将就任、

崇徳	鳥羽				春日参詣の帰路、宇治に立ち寄る○一二月二一日、院の東三条殿御幸に供奉する	東三条殿で大饗を行う○一二月四日、得子、叡子内親王を出産
崇徳	鳥羽	二	一一三六	五九	三月四日、春日参詣○七月二四日、源顕雅、息男の肥後守就任を忠実に依頼○一〇月一五日、頼長に細剣を与える	四月一九日、得子を従三位に叙す○五月二四日、叔父家忠死去○一二月九日、頼長、内大臣就任
崇徳	鳥羽	三	一一三七	六〇	正月二九日、興福寺僧綱等、玄覚の権大僧正補任を忠実に要請	二月一一日、別当玄覚の僧正補任を求めて悪僧強訴
崇徳	鳥羽	四	一一三八	六一	正月一五日、宗忠従一位の慶を申す○二月二六日、宗忠出家、忠実・忠通、宗忠を訪問	九月、興福寺僧信実、長者宣によって寺務執行を命ぜられる
崇徳	鳥羽	五	一一三九	六二		三月、興福寺大衆ら別当隆覚補任に反発、強訴○五月一八日、得子、体仁親王出産○七月二八日、泰子に高陽院の院号宣下
崇徳	鳥羽	六	一一四〇	六三	二月一〇日、輦車の宣旨○六月五日、三宮に准ぜられ、忠仁公の故事に習って食封・随身を賜わる○一〇月二日、平等院で出家、法名円理	
近衛	鳥羽	永治元	一一四一	六四	三月一〇日、院の出家により鳥羽に赴く	四月二〇日、藤原宗忠死去○五月五日、高陽院出家○一二月七日、崇徳、近衛天皇に譲位○同月二七日、近衛即位、得子立后

近衛	鳥羽	康治元	一一四二	六五	三月四日、宇治一切経会に鳥羽・高陽院御幸○五月五日、東大寺において鳥羽院とともに受戒○同月六日、鳥羽院とともに東大寺勅封の宝蔵を見る○同月一一日、鳥羽院とともに延暦寺で受戒○六月三日、忠実の娘（母高階基章妻）死去○二九日、宇治小松殿北辺に新御堂を建立○八月三日、源為義に反信実派の興福寺悪僧を陸奥に配流させる○一一月三日、宇治より白河に移る	二月二六日、待賢門院出家
		二	一一四三	六六	七月三日、忠通、忠実のために宇治で一日仏を供養する○一〇月二〇日、室師子とともに四天王寺に参詣	六月三〇日、忠実家人源為義、頼長に臣従す○この年、忠通に男基実生誕
		天養元	一一四四	六七	二月一三日、高野山に参詣○一〇月二一日、入京し高陽院に参入○一二月二六日、頼長男菖蒲丸を忠通の養子とする	九月、大和知行国主忠通の検注に反抗し興福寺悪僧蜂起
		久安元	一一四五	六八	正月二日、菖蒲丸に忠経と命名した頼長を非難し、改めさせる○二月二日、入京し高陽院に入る○同月四日、宇治に帰る○同月一〇日、鳥羽院・高陽院宇治小松殿を訪問○三月四日、鳥羽院の命により平等院経蔵を開封する○同月二六日、鳥羽・高陽院宇治に方違○四月一八日、頼	正月三日、菖蒲丸、兼長を称す○七月一二日、興福寺悪僧信実、金峯山を攻撃し敗北する○一〇月二四日、忠通、頼長に五節舞姫献上を求める

近衛	鳥羽				長に律令・格式・巻文復抄を与える○六月二八日、法橋寛誉を遣わし、興福寺の金峯山攻撃を制止する○一二月三日、鳥羽院に対する非難を漏らす○一二月二四日、頼長に故事を語る	
		二	一一四六	六九	七月一三日、鳥羽院の四天王寺参詣を沙汰する	一二月一六日、摂政忠通五十の賀を祝う
		三	一一四七	七〇	二月一一日、『御堂関白記』『京極殿御記』を頼長に譲与○三月一七日、忠実の七十の賀を祝う○一〇月二四日、法橋寛誉を殺害○この年、大宰府の献上する孔雀・鸚鵡を院に献ずる	六月二八日、祇園社頭にて平清盛郎従、神人と闘乱○同月三〇日、鳥羽院、延暦寺強訴について藤原顕頼と協議する
		四	一一四八	七一	六月二九日、多子入内のことを頼長と協議○閏六月五日、毛亀を院のご覧に入れる○同月一六日、宇治小松殿で右大将実能と対面○七月一七日、頼長に荘園十八ヵ所を与える○八月二七日、興福寺悪僧の強訴を制止する○一一月一一日、兼長の少将昇進の遅延につき忠通を非難、今後昇進に関与しないとの返答を受ける	正月五日、藤原顕頼死去○四月二七日、頼長男兼長、近衛邸で元服○一〇月一三日、兼長、五位中将となる○一一月一一日、兼長、春日祭使者となる○一二月八日、高陽院養女叡子内親王死去○一二月一四日、室源師子死去、天皇元服・入内延引
		五	一一四九	七二	三月、天文密奏について忠通を批判○六月二七日、全子の九十歳の賀を宇治新造阿弥陀堂で祝う○一〇月一日、宇治で師長元服の雑事を定め	七月二八日、頼長左大臣就任○八月三日、皇后得子に美福門院の院号宣下○一〇月一六日、忠

					る○一〇月一九日、師長、宇治小松殿で元服、家司以下を任命、屯食を荘園より召す○一〇月二五日、師子のために宇治成楽院西堂を供養する	通室宗子を准三后となす○同月二五日、忠通、再度太政大臣に就任○一二月八日、高陽院、叡子内親王のために法要を行う
近衛	鳥羽	六	一一五〇	七三	正月二二日、忠通に命じて一条殿全子の従一位昇進等を頼長と協議させる○二月一二日、頼長の依頼によって上洛、高陽院に入る○同月一三日、院に書を送り非執政者の娘立后の例を示す。頼長に美福門院への依頼を命じる○同月一六日、全子の家司以下を補任。同日、頼長、宇治を訪問、多子立后のことで忠実に愁訴○同月二三日、鳥羽院・美福門院に書を送り多子立后を要請○同月二四日、出京、鳥羽院に多子立后を奏上、立后遅延は院の意図と疑う○同月二七日、宇治に帰る○三月五日、立后遅延により入京○四月一日、春日に参詣○同月二日、宇治に帰る○同月一八日、入京○同月二〇日、頼長の左大臣辞任を止め実行の太政大臣昇進院に奏上○同月二三日、頼長を太政大臣実行の上位とすることを奏上○頼長に鴨院地・日置荘を与える○八月二日、別当補任を要請する興福寺強訴を制止○同	正月一〇日、多子入内○同月一九日、多子女御○二月一一日、忠通、美福門院養女呈子を迎え入内を準備す○同月一二日、忠通、頼長養女の立后不可を主張○同月二五日、多子立后の兼宣旨○同月二七日、聖子に皇嘉門院の院号宣下○三月一四日、多子、立后○四月二一日、呈子入内○六月二二日、呈子を中宮に冊立○七月二日、忠実の女御匳殿死去○八月一六日、法印隆覚、興福寺別当に就任○一二月八日、忠通、摂政を辞し関白となる○同月二五日、忠通嫡男基実元服○この冬鳥羽院、信西に国史(『本朝世紀』)の撰進を命じる

衛	羽				月二六日、鳥羽で院と対面○九月二五日、院より摂政譲渡を拒絶した忠通の返答を副えた書状があり頼長とともに上洛○同月二六日、忠通を義絶し東三条邸宅を接収、朱器台盤を奪い、頼長を氏長者とする○一〇月五日、鳥羽院、東三条に御幸○同月一二日、忠通より没収した荘園を院に献上○一一月五日、母全子が宇治で死去○一二月二八日、頼長の男徳法師を播磨の養子とする	
近	鳥	仁平元	一一五一	七四	正月三日、先年忠通に与えた『京極殿御記』『後二条関白記』の正文を奪う○同月一〇日、頼長内覧を宣下される○六月八日、四条内裏の焼亡により忠通の権威の低下を非難○九月二〇日、忠通、頼長の退位工作の噂を密告、院よりこの書状を見せられる○同月二二日、故全子の遺骨を西法華経堂より木幡に改葬○一〇月七日、宇治で母全子追善のために新造堂舎を供養○この年、藤原基衡と奥州高鞍荘の年貢増徴を交渉して失敗	二月一六日、頼長男隆長元服○七月一二日、頼長の雑色二人、院近臣藤原家成家人に暴行される○同月、頼長、頼憲に命じて為義の摂津旅亭を焼打ちさせる○九月八日、頼長、家成の邸宅を襲撃
		二	一一五二	七五	三月六日、鳥羽院五十賀により鳥羽に参る○四月二四日、頼長・女房播磨と宇治に赴く○七月	正月一〇日、師長、故顕頼女と結婚○同月二六日、頼長大饗を

近衛

鳥羽

三

一一五三

七六

一九日、平等院の経蔵・宝蔵を開く○同月二五日、入京○八月二八日、高陽院白河御堂（白河の福勝院）で鳥羽院の五十の賀を祝う○一一月九日、四天王寺に参詣○一二月四日、春日に参詣

三月一日、愛妾播磨、知足院の堂を供養○三月二〇日、播磨とともに四天王寺に参詣○四月一五日、離宮祭田楽装束一具の調進を命じる○同月二〇日、鳥羽新堂木作始、釈迦堂・寝殿等を播磨守源顕親に造営させる○同月二四日、小松殿に鹿が入る○同月二七日、小松殿で田楽を見る○六月七日、上賀茂社の闘乱により頼長に命じて犯人を検非違使に引き渡す○八月一六日、宇治成楽院を頼長に譲渡○九月二三日、近衛天皇の眼病による譲位の噂があり、院は忠通の陰謀と疑う旨を語る○一〇月一八日、鳥羽新御堂上棟、同日、頼長に法成寺以下の氏寺の管理権を譲渡○同月二三日、宇治に帰る○一一月二六日、頼長の春日参詣を成楽院で高陽院と見物○一二月二八日、春日社・興福寺に参詣

行う○六月七日、頼長、検非違使に命じて仁和寺に籠もる南都悪僧を追捕させる

正月一九日、寵臣公春の死去により頼長、公事を放棄○四月二一日、頼長、公春死去を憂い兵仗を辞退○同月二七日、宇治小松殿で播磨の養女（頼長女）危篤、平忠正宅に移す途中で死去○五月晦日ごろ、興福寺寺主源勝に背き八幡境内に籠もった従者を、頼長、厩舎人を派遣して殺害○六月六日、頼長の家人、上賀茂社で長者宣に背いた悪僧を追捕、流血事件を起こす○九月一四日、頼長が藤原基衡と奥州の荘園の年貢増徴を交渉○一二月六日、覚法法親王死去○一二月二八日、範長を尋範の弟子

天皇	院	年号	西暦	年齢	事項	一般事項
近衛	鳥羽	久寿元	一一五四	七七	正月二九日、東三条邸で春日祭上卿兼長出立を見物○二月二日、宇治北御堂東四足門で兼長の帰京を見物○四月一日、春日社参詣○同月一八日、鳥羽殿に法皇を見舞い鳥羽に宿侍○五月一八日、播磨坂越・美濃河辺両荘を藤原教長に譲る○六月五日、頼長とともに鳥羽を見舞う○六月一二日、高陽院納殿・御蔵町別当平信範を解任、源顕親を任ずる○九月五日、宇治に帰る	とする 八月九日、鳥羽金剛心院供養、造国司源顕親重任を認められる○同月一八日、兼長右大将就任○九月三日、山門、林光家の赦免に抗議し頼長を呪詛○一一月一二日、師長、権中納言就任○一一月二六日、源為朝の濫行により父為義、解官される
後白河	鳥羽	二	一一五五	七八	二月四日、宇治より入京の途中で病む○同月五日、公卿以下の見舞いを受ける○同月六日、春日祭上卿師長の出立を見る○同月八日、宇治で師長の帰京を見物○五月一八日、宇治で故師子を青蓮寺より北白川に改葬する○七月二三日、近衛の死去により宇治より鳥羽に赴きついで入京○八月二七日、近衛呪詛の噂により院が忠実・頼長を憎むとの説が流布○同月二九日、頼長を物忌とし院の信任回復のため千座仁王経を春日社に修す○九月八日、法皇に頼長の東宮傅任命を要請するも峻拒される○同月二〇日、院よりの返書を得る○同月二九日、南都で千座仁	二月一日、頼長、平信兼一行と闘乱○四月三日、大宰府に対し源為朝に協力する者の禁圧が命じられる○五月一五日、源頼賢解官される○同月二四日、藤原清隆出家○六月一日、頼長の室幸子死去○同月二八日、法皇不食○七月二三日、近衛天皇死去○八月一六日、源義賢、甥義平に武蔵国で討たれる○九月一五日、関白忠通室宗子死去○同月二三日、忠通は触穢なしと定め

後白河	
不在	鳥羽

保元元　一一五六　七九

王経、賀茂下上両社で万巻心経を転読させ、東三条殿に冥道供を修す○一〇月七日、頼長の内覧就任に関する院の返事に和解の様子がある○同月九日、維摩会行事弁の人選について院の協力を得る○同月一六日、宇治に帰る○一一月一〇日、頼長に命じて興福寺・金峯山・多武峰勘当の輩を赦免させる○同月一二日、鳥羽の藤原実能の直廬に赴く○一二月一六日、高陽院死去○同月一七日、高陽院葬送次第を定める○同月二一日、福勝院で高陽院仏事を行い宇治に帰る

正月一九日、高陽院のために福勝院で九壇阿弥陀護摩を修す○七月八日、忠実・頼長が諸荘園から軍兵を招集することを禁ずる綸旨が下される○同月一〇日、上洛する頼長を見送る○同月一一日、頼長の敗北を聞いて南都に逃れる○同月一三日、来訪した頼長との対面を拒否する○同月一五日、忠通に書状を送る○同月一七日、武士招集の噂により所領没官を命じられる○同月一八日、頼長とともに謀叛人とされ、宇治所領・平等院を忠通に知行させる綸旨が下される○同月二〇日、荘園百余箇所を忠通に譲渡する

られる、同日、守仁親王立太子○一〇月一三日、源義朝に院宣を下し、源頼賢の討伐を命じる○同月二六日、雅仁親王即位(後白河天皇)○一一月二一日、播磨守源顕親、五節舞姫を献ずる

五月二一日、鳥羽院の病気の噂が広まる。同日、頼長、室幸子の一周忌法要を行う○同月二八日、院の病状悪化、ひとえに「御万歳」の沙汰が行われる○六月一日、院宣により源義朝・義康・光保・平盛兼等が動員される○六月一三日、美福門院出家○七月二日、鳥羽院死去○同月五日、検非違使を動員し京中の武士を停止する○同月六日、

後白河

不在

			○同月二七日、罪名宣下で罪人から除外される○八月二三日、配流を免れ、知足院に幽閉される	京に居住する頼長家人源親治追捕される○同月八日、頼長の正邸東三条殿没官される○一〇日、崇徳・頼長、武士を率いて白河殿に合流する○同月一一日、白河で合戦、崇徳・頼長方敗北する、同日、忠通に氏長者宣下○同月一四日、頼長死去○同月一九日、忠通、氏長者宣下を承諾○同月二三日、崇徳上皇配流される○同月二八日、平忠正ら六波羅で処刑される○同月三〇日、源為義ら船岡山で処刑される○八月三日、兼長以下頼長の子息ら配流される
二	一一五七	八〇		三月二九日、頼長の遺領を没官し後院領に編入する○八月一九日、基実右大臣に就任○九月三日、藤原実能死去○一〇月六日、恵信興福寺別当に就任
三	一一五八	八一	この年、忠通より内宴の服装についての質問を	正月、兼長、出雲の配所で死去

					受ける	○四月二一日、参議藤原信頼一行との闘乱により忠通の家司信範・邦綱ら解官・除籍される○八月一一日、後白河天皇、皇太子守仁に譲位、同日、忠通、関白を基実に譲渡
二条	後白河	平治元	一一五九	八二	この年、新関白基実の振る舞い、平治の乱の際の除目を非難する談話を残す	一二月九日、平治の乱勃発○同月二七日、藤原信頼、源義朝敗北、信頼処刑される
		永暦元	一一六〇	八三		正月四日、源義朝殺害される○三月一一日、藤原経宗ら配流される○七月一四日、中原師元、基実家司に就任○八月一一日、基実、左大臣に就任○一一月二三日、美福門院死去
		応保元	一一六一	八四	この年、基実の訪問を受ける	九月三日、憲仁親王（高倉）生誕
		二	一一六二	八五	六月一八日、知足院で死去	

参考史料

(1) 日　記

『後二条師通記』（大日本古記録・岩波書店）
『殿暦』（大日本古記録・岩波書店）
『中右記』（大日本古記録・岩波書店、史料大成・臨川書店）
『長秋記』（史料大成・臨川書店）
『知信記』（陽明史学叢書・思文閣出版）
『台記』（『台記別記』『宇槐記抄』を含む）（史料纂集・続群書類従完成会、史料大成・臨川書店）
『兵範記』（史料大成・臨川書店、陽明史学叢書、京都大学史料叢書・思文閣出版）
『玉葉』（図書寮叢刊・明治書院）
その他、『為房卿記』以下、大日本史料所収の各種日記を参照。

(2) 編纂史料

『尊卑分脈』（新訂増補国史大系・吉川弘文館）
『公卿補任』（新訂増補国史大系・吉川弘文館）
『本朝世紀』（新訂増補国史大系・吉川弘文館）
『百練抄』（新訂増補国史大系・吉川弘文館）
『朝野群載』（新訂増補国史大系・吉川弘文館）
『中外抄』（新日本古典文学大系・岩波書店）
『富家語』（新日本古典文学大系・岩波書店）
『西宮記』（尊経閣善本影印集成・八木書店）
『類聚雑要抄』（群書類従・続群書類従完成会）
『官職秘抄』（群書類従・続群書類従完成会）
『執政所抄』（続群書類従・続群書類従完成会）
『吉部秘訓抄』（続群書類従・続群書類従完成会）
『興福寺三綱補任』（続群書類従・続群書類従完成会）
『興福寺略年代記』（続群書類従・続群書類従完成会）
『興福寺別当次第』（続々群書類従・続群書類従完成会）

(3) 文学作品等

『愚管抄』(日本古典文学大系・岩波書店)
『栄花物語』(日本古典文学大系・岩波書店)
『古事談』(古典文庫・現代思潮社)
『今鏡』上・下(講談社学術文庫・竹鼻績校訂)
『平家物語』(日本古典文学大系・岩波書店)
『続古事談』(続群書類従・続群書類従完成会)
『保元物語』(新日本古典文学大系・岩波書店)
『平治物語』(新日本古典文学大系・岩波書店)

主要参考文献

飯田悠紀子『保元・平治の乱』　教育社　一九七九年
池上洵一『中外抄』『富家語』解説(新日本古典文学大系『江談抄　中外抄　富家語』)　岩波書店　一九九七年
石井進「院政時代論」(歴史学研究会・日本史研究会編『講座日本歴史2』)

東京大学出版会　一九七〇年
市川久編『蔵人補任』　続群書類従完成会　一九八九年
井上満郎『平安時代軍事制度の研究』　吉川弘文館　一九八〇年
井原今朝男『日本中世の国政と家政』　校倉書房　一九九五年
『宇治市埋蔵文化財発掘調査概報』　宇治市教育委員会　一九八三年〜
宇治市歴史資料館編『発掘ものがたり宇治』　宇治市歴史資料館　一九九六年
上横手雅敬『源平の盛衰』　講談社　一九六九年
「院政期の源氏」（御家人制研究会編『御家人制の研究』）　吉川弘文館　一九八一年
川端新「摂関家領荘園群の形成と伝領」（上横手雅敬監修『古代・中世の政治と文化』）　思文閣出版　一九九四年
北村優季『平安京―その歴史と構造』　吉川弘文館　一九九五年
五味文彦『院政期社会の研究』　山川出版　一九八四年
『「春日験記絵」と中世』　淡交社　一九九八年
『平清盛』（人物叢書）　吉川弘文館　一九九九年
米谷豊之祐『院政期軍事・警察史拾遺』　近代文芸社　一九九三年
杉山信三『院家建築の研究』　吉川弘文館　一九八一年

平　雅行『日本中世の社会と仏教』　塙書房　一九九二年
高橋昌明『清盛以前―伊勢平氏の興隆』　平凡社　一九八四年
「重盛の母」　女性史学七　一九九七年
田中文英「院政期における政治史研究の一前提―政治権力の武力構成をめぐって―」
（林陸朗他編『論集日本歴史3　平安王朝』）　有精堂　一九七五年
『平氏政権の研究』　思文閣出版　一九九五年
棚橋光男『中世成立期の法と国家』　塙書房　一九八一年
『大系日本の歴史4　王朝の社会』　小学館　一九八八年
『後白河法皇』　講談社　一九九六年
竹内理三『律令制と貴族政権　第II部貴族政権の構造』　お茶の水書房　一九五八年
『日本の歴史6　武士の登場』　中央公論社　一九六五年
『竹内理三著作集第三巻』　角川書店　一九九八年
角田文衞監修・古代学協会編『平安京提要』　角川書店　一九九三年
角田文衞『王朝の明暗』　東京堂出版　一九七七年
『待賢門院の生涯―淑庭秘抄』　朝日新聞社　一九八五年
東京大学史料編纂所編『大日本古記録　殿暦』解題　岩波書店　一九七〇年
戸田芳実『中右記　躍動する院政時代の群像』　そしえて　一九七九年

中原俊章『中世公家と地下官人』吉川弘文館 一九八七年
橋本義彦『藤原頼長』（人物叢書）吉川弘文館 一九六四年
『平安貴族社会の研究』吉川弘文館 一九七六年
『平安貴族』平凡社 一九八六年
『源通親』（人物叢書）吉川弘文館 一九九二年
『平安の宮廷と貴族』吉川弘文館 一九九六年
林屋辰三郎『古代国家の解体』東京大学出版会 一九五八年
林屋辰三郎・藤岡謙二郎編『宇治市史1 古代の歴史と景観』宇治市 一九七三年
『宇治市史2 中世の歴史と景観』宇治市 一九七四年
松薗斉『日記の家』吉川弘文館 一九九七年
美川圭『院政の研究』臨川書店 一九九六年
宮崎康充編『国司補任』続群書類従完成会 一九九一年
目崎徳衛『西行の思想史的研究』吉川弘文館 一九七八年
元木泰雄「摂津源氏一門―軍事貴族の性格と展開」（『史林』六七―六）一九八四年
「十一世紀末期の河内源氏」（古代学協会編『後期摂関時代史の研究』）吉川弘文館 一九九〇年
『武士の成立』吉川弘文館 一九九四年

『院政期政治史研究』　思文閣出版　一九九六年
「平安末期の村上源氏」（上田正昭先生古稀記念会編『東アジアと古代文化』）
学生社　一九九七年
「和泉守藤原邦綱考」（『泉佐野市史研究』三）　一九九七年
「五位中将考」（大山喬平教授退官記念会編『日本国家の史的特質　古代・中世』）
思文閣出版　一九九七年
安田元久
『源義家』（人物叢書）　吉川弘文館　一九六六年
『日本の歴史7　院政と平氏』　小学館　一九七四年
『後白河上皇』（人物叢書）　吉川弘文館　一九八六年

著者略歴

一九五四年兵庫県に生まれる
一九八三年京都大学大学院博士後期課程指導認定退学
一九九五年京都大学博士(文学)
現在　京都大学名誉教授

主要著書
源頼朝
平氏政権と源平争乱(共著)

人物叢書　新装版

藤原忠実

二〇〇〇年(平成十二)三月二十日　第一版第一刷発行
二〇二三年(令和　五)四月　一日　第一版第二刷発行

著　者　元木《もとき》泰雄《やすお》
編集者　日本歴史学会
代表者　藤田　覚
発行者　吉川道郎
発行所　株式会社 吉川弘文館
東京都文京区本郷七丁目二番八号
郵便番号一一三—〇〇三三
電話〇三—三八一三—九一五一〈代表〉
振替口座〇〇一〇〇—五—二四四
http://www.yoshikawa-k.co.jp/
印刷＝株式会社 平文社
製本＝ナショナル製本協同組合

ISBN978-4-642-05217-7

『人物叢書』(新装版)刊行のことば

人物叢書は、個人が埋没された歴史書が盛行した時代に、「歴史を動かすものは人間である。個人の伝記が明らかにされないで、歴史の叙述は完全であり得ない」という信念のもとに、専門学者に執筆を依頼し、日本歴史学会が編集し、吉川弘文館が刊行した一大伝記集である。

幸いに読書界の支持を得て、百冊刊行の折には菊池寛賞を授けられる栄誉に浴した。

しかし発行以来すでに四半世紀を経過し、長期品切れ本が増加し、読書界の要望にそい得ない状態にもなったので、この際既刊本の体裁を一新して再編成し、定期的に配本できるような方策をとることにした。既刊本は一八四冊であるが、まだ未刊である重要人物の伝記についても鋭意刊行を進める方針であり、その体裁も新形式をとることとした。

こうして刊行当初の精神に思いを致し、人物叢書を蘇らせようとするのが、今回の企図である。大方のご支援を得ることができれば幸せである。

昭和六十年五月

日本歴史学会

代表者 坂本太郎

日本歴史学会編集

人物叢書〈新装版〉

日本武尊　吉備真備　藤原佐理　後白河上皇　一遍　亀泉集証　足利義昭
継体天皇　早良親王　紫式部　千葉常胤　叡尊・忍性　蓮如　前田利家
聖徳太子　佐伯今毛人　慶滋保胤　源通親　京極為兼　宗祇　長宗我部元親
秦河勝　和気清麻呂　一条天皇　文覚　金沢貞顕　尋尊　安国寺恵瓊
蘇我蝦夷・入鹿　桓武天皇　大江匡衡　藤原俊成　菊池氏三代　万里集九　石田三成
天智天皇　坂上田村麻呂　源信　畠山重忠　新田義貞　三条西実隆　黒田孝高
額田王　最澄　源頼光　法然　花園天皇　大内義隆　真田昌幸
持統天皇　平城天皇　藤原道長　栄西　赤松円心・満祐　ザヴィエル　最上義光
柿本人麻呂　藤原冬嗣　藤原行成　北条義時　卜部兼好　三好長慶　前田利長
藤原不比等　仁明天皇　藤原彰子　大江広元　覚如　今川義元　高山右近
長屋王　橘嘉智子　源頼義　北条政子　足利直冬　武田信玄　島井宗室
大伴旅人　円仁　清少納言　慈円　佐々木導誉　朝倉義景　淀君
県犬養橘三千代　伴善男　和泉式部　明恵　二条良基　浅井氏三代　片桐且元
山上憶良　清和天皇　源義家　藤原定家　細川頼之　里見義堯　徳川家康
道慈　円珍　大江匡房　北条泰時　足利義満　上杉謙信　藤原惺窩
行基　菅原道真　奥州藤原氏四代　道元　今川了俊　織田信長　支倉常長
橘諸兄　聖宝　藤原頼長　北条重時　足利義持　明智光秀　徳川秀忠
光明皇后　三善清行　藤原忠実　親鸞　世阿弥　大友宗麟　伊達政宗
鑑真　藤原純友　源頼政　北条時頼　上杉憲実　千利休　天草時貞
藤原仲麻呂　紀貫之　平清盛　日蓮　山名宗全　松井友閑　立花宗茂
阿倍仲麻呂　小野道風　源義経　阿仏尼　経覚　ルイス・フロイス　宮本武蔵
道鏡　良源　西行　北条時宗　一条兼良　豊臣秀吉　佐倉惣五郎

▽没年順に配列　▽一、四〇〇円〜三、五〇〇円(税別)
▽品切書目の一部について、オンデマンド版の販売を開始しました。
詳しくは出版図書目録、または小社ホームページをご覧ください。

小堀遠州
徳川家光
由比正雪
林羅山
松平信綱
国姓爺
野中兼山
保科正之
隠元
徳川和子
酒井忠清
朱舜水
池田光政
山鹿素行
井原西鶴
松尾芭蕉
三井高利
河村瑞賢
徳川光圀
契沖
市川団十郎
伊藤仁斎
徳川綱吉
貝原益軒

前田綱紀
近松門左衛門
新井白石
鴻池善右衛門
石田梅岩
太宰春台
徳川吉宗
大岡忠相
賀茂真淵
平賀源内
与謝蕪村
三浦梅園
毛利重就
本居宣長
山村才助
木内石亭
小石元俊
山東京伝
杉田玄白
塙保己一
上杉鷹山
大田南畝
只野真葛
小林一茶

大黒屋光太夫
松平定信
菅江真澄
鶴屋南北
島津重豪
狩谷棭斎
最上徳内
遠山景晋
渡辺崋山
柳亭種彦
香川景樹
平田篤胤
間宮林蔵
滝沢馬琴
調所広郷
橘守部
黒住宗忠
水野忠邦
帆足万里
江川坦庵
藤田東湖
二宮尊徳
広瀬淡窓
大原幽学

島津斉彬
月照
橋本左内
井伊直弼
吉田東洋
緒方洪庵
佐久間象山
真木和泉
高島秋帆
シーボルト
高杉晋作
川路聖謨
横井小楠
小松帯刀
山内容堂
江藤新平
和宮
西郷隆盛
ハリス
森有礼
松平春嶽
中村敬宇
河竹黙阿弥
寺島宗則

樋口一葉
ジョセフ＝ヒコ
勝海舟
臥雲辰致
黒田清隆
伊藤圭介
福沢諭吉
星亨
中江兆民
西村茂樹
正岡子規
清沢満之
滝廉太郎
副島種臣
田口卯吉
福地桜痴
陸羯南
児島惟謙
荒井郁之助
幸徳秋水
ヘボン
石川啄木
乃木希典
岡倉天心

桂太郎
徳川慶喜
加藤弘之
山路愛山
伊沢修二
秋山真之
前島密
成瀬仁蔵
前田正名
大隈重信
山県有朋
大井憲太郎
河野広中
富岡鉄斎
大正天皇
津田梅子
豊田佐吉
渋沢栄一
有馬四郎助
武藤山治
坪内逍遙
山室軍平
阪谷芳郎
南方熊楠

山本五十六
中野正剛
三宅雪嶺
近衛文麿
河上肇
牧野伸顕
幣原喜重郎
御木本幸吉
尾崎行雄
緒方竹虎
石橋湛山
八木秀次
森戸辰男
▽以下続刊